교류분석을 활용한

집단상담 프로그램

최영일 · 노정자 · 박영혜 · 배정연 · 백은숙
서경원 · 손희란 · 이인영 · 우준택 · 정미선
정성순 · 조윤정 · 주민경 · 한윤옥 공저

TA utilizing Programs
for Group Counselling

학지사

머리말

교류분석(Transaction Analysis)이론은 미국의 정신의학자 Eric Berne 박사에 의해 개발된 이론으로 임상심리학에 기초를 둔 인간행동에 관한 이론체계이며, 개인의 성장과 변화를 위한 체계적 심리치료법으로서 정신분석의 구어판이라고 부른다. 이러한 교류분석은 인간의 자율성 발휘와 인간의 심리 및 행동의 보다 빠른 변화 그리고 심리치료적 목적을 달성하기 위한 차원에서 개발되었으며, 전 세계적으로 널리 보급되고 있다. 이와 함께 최근에 우리나라에서도 교류분석이론이 크게 발전되고 보급되고 있어 교류분석 전문가의 한 사람으로서 기쁘게 생각한다. 특히 요즘에는 교류분석 관련 강좌가 많이 개설되고 있는데 바로 이러한 상황에서 한국교류분석상담협회 연구위원들과 함께 정성을 들이고 노력하여 교류분석 집단 프로그램 책을 출간하게 되어 매우 기쁘고 뿌듯하다.

나는 이 책을 내가 소속하고 있는 한국교류분석상담협회 연구위원들과 공동으로 저작하는 형태를 취했다. 그들은 나에게 교류분석 공부를 배우는 협회 전문가들이기에 다음과 같은 이유로 이번 프로그램 작업에 그들을 동참시켰다. 첫째, 제자들에게 다양한 교류분석 프로그램 사례에 대한 훈련의 기회를 주고자 함이다. 둘째, 그들에게 이 프로그램 작업을 통해서 교류분석이론에 대해 좀 더 깊이 공부하고 연구하도록 하는 계기를 마련해 주고자 함이다. 셋째, 무엇보다 슈퍼바이저로서 제자들과 함께 책을 출판한다는 것이 그들 자신은 물론 후학들을 위해서도 좋은 모델이 되고 선례가 될 것이라 여겼기 때문이다. 마지막으로 이 책을 통해서 교류분석이론의 정신을 세상에 좀 더 널리 알리고 싶은 이유도 있었다.

이 책의 교류분석 프로그램은 다문화교육, 부모교육, 교사교육, 부부교육, 예비부부교육, 청소년교육의 여섯 분야로 구성되었다. 각각의 특성에 따라 교류분석이론을 적용한 프로그램을 개발하기 위해 각 분야에 관여하는 연구위원들로 연구팀을 구성하였다. 각 연구위원들은 그 분야의 현장에서 활동하고 있는 임상 전문가들이다. 이 교류분석이론에 따른 프로그램은 이러한 전문가들에 의해 개발되었기 때문에 실제 상담과 교육현장에 매우 적절하고 효과적인 프로그램이 될 것이라고 확신한다.

교류분석이론에 따른 이 집단 프로그램의 목적은 자율성을 회복하고 발휘하는 인간으로 다시 태어나는 것이다. 즉, 이 이론은 자기분석을 통해 부적절한 사고, 부적절한 감정, 부적절한 행동, 부적절한 습관과 부적절한 성격을 개조하는 도구이므로 이 이론을 적용하여 재결단을 통한 자기 재창조를 하자는 것이며, 이를 통해 자기 운명을 새롭게 만들어 가자는 것이다. 이렇게 함으로써 낡은 각본에서 벗어나 자각성, 자발성, 친밀성을 회복하고 잠재능력을 최고도로 발휘할 수 있는 자율적인 인간으로 거듭 태어날 수 있다.

교류분석의 기본적 사고방식은 자타긍정성에 대한 확신, 자기존중감에 대한 확신, 모든 것은 마음이 만든다는 확신, 죄업 단절에 대한 확신, 마음을 정화할 수 있다는 확신을 가진다. 교류분석이론을 적용한 프로그램을 통해 우리는 다음과 같은 변화를 기대할 수 있다. 첫째, 자신을 이해하고 수용하고 신뢰하는 자기긍정성을 통해 타인을 이해하고 수용하고 신뢰하여 결국 자타긍정성에 대한 확신을 가질 수 있다. 둘째, 자기는 천상천하유아독존이다. 이것은 자신이 우주에 유일무이한 독특한 존재라는 것이다. 따라서 이러한 자신의 소중함을 깨달았을 때 진정한 자기를 이해하고 수용하고 개발하여 독특한 자기를 실현할 수 있다. 셋째, 미국의 심리학자 William James는 감정과 행동은 사고에 의해 일어나고, 행동의 반복은 습관을 만들고, 습관은 성격을 형성하고, 성격은 운명을 결정한다고 주장했다. 또한 불교의 경전 중 하나인 화엄경에 일체유심조라는 말이 있다. 즉, 모든 것은 그대로인데 마음이 호불호를 만든다는 것이다. 따라서 마음의 본질인 생각을 바꾸면 운명을 바꿀 수 있다. 넷째, 가장 가까운 타인인 부모는 우리에게 많은 은혜를 베풀지만 또한 깊은 상처를 주기도 한다. 어린 시절 부모의 양육과정에서 부모의 영향으로 지금–여기에 적합하지 않은 각본을 갖게 되어 부모의 죄업을 대물림하게 된다. 이러한 대물림을 끊기 위해 부모의 죄업을 지금–여기로 가져와 정화하여 대물림을 끊고 낡은 각본에서 벗어나 자율적인 인간이 될 수 있다. 다섯째, 교류분석 관점에서 인간은 본질적으로 완전성을 지니고 있는데 자아상태의 작용에 따라 개인마다 독특한 모습을 나타낸다. 그러므로 교류분석의 지혜로 자아상태를 잘 정화하면 우리의 본성인 자율성이 회복되고 발휘될 수 있다.

우리 연구위원들은 이와 같은 교류분석의 목적과 기대를 잘 살린 유용하고 효과적인 프로그램을 개발하려는 데 중점을 두고 공감대를 형성하며 협력하고 노력하여 이 프로그램을 개발하게 되었다.

아무쪼록 이 프로그램을 각계각층에서 활용하여 좀 더 성숙하고 성장하는 개인과 사회가 되었으면 한다. 연구위원들과 합심하여 최선을 다해 집단 프로그램을 개발하였으나 아쉬운 부분이나 부족한 부분이 있다면 독자 여러분의 피드백을 통해 기회가 되는 대로 계속해서 보완할 것을 약속한다.

이 책이 나오기까지 많은 시간과 정성으로 수고한 한국교류분석상담협회 연구위원들의 노고에 깊은 감사를 드린다.

최 영 일

차 례

한국교류분석상담협회 〈다문화부부 집단상담 PG 연구위원: 백은숙, 우준택, 조윤정〉

제1장 **다문화부부 WING 프로그램**

1. 프로그램의 필요성과 의의

　시대 상황은 가장 작은 규모의 인간사회인 부부 속에도 지역, 민족, 국가의 경계를 수시로 넘나드는 미시적 개념의 다문화사회다.

　이제 국가 대 국가, 민족 대 민족, 지역 대 지역의 교류와 소통은 한계에 이르렀으며, 가장 친밀하면서도 가장 소외될 수 있는 부부간의 다문화적 교류와 소통이 필수인 시대다.

　통계학적으로 보나 시대정신의 흐름으로 보나 다가올 세대교체의 핵심은 급증하는 다문화세대에 있으니, 그 미래세대의 결정적 주도권을 쥔 결혼이민여성의 가치관과 인생철학은 어느 때보다 중요한 상황이다.

　선 경험한 미국 등의 사례를 볼 때 이들의 소양교육은 국가 존립에 지대한 사안임은 두말할 나위가 없으며, 그들이 앞으로 펼칠 나래 밑에 보듬어 자라는 미래세대들은 말 그대로 우리 사회의 미래를 담보하는 양날의 칼과 같다.

　이런 중차대한 시대적 소명에 따라 수년간의 다문화 활동 경험을 토대로 교류분석상담에 기초한 의식개선 프로그램을 구현하기에 이르렀다.

　이른바 새로운 시대 바람을 타고 날아오를 나래를 희망적이고 풍요롭게 펼칠 수 있도록 가다듬어 주는 의미를 중의적으로 상징하여 프로그램 이름을 정한 바다.

이와 같은 필요성과 의의에 따라 프로그램의 개요를 간단히 기술하면 다음과 같다.

1) 프로그램 목적

세계 속에 열린 건강한 다문화사회 구현을 위한 부부 중심의 행복한 다문화가정 형성의 구체적 기틀을 제공한다.

2) 프로그램 목표

- 다문화사회와 국제결혼의 세계적 추세를 이해한다.
- 국제결혼 부부로서의 자부심 갖기 및 자존감을 높인다.
- 건강한 다문화가정 형성을 위한 부부 자질을 강화한다.
- 부부관계 및 적응 이해를 통한 자신의 생애주기별 가족설계 능력을 강화한다.
- 성공적인 다문화가정 형성으로 행복한 부부생활을 영위한다.

3) 프로그램 운영방법

- 대상: 다문화가정 부부
- 기간: 주 1회, 1회당 시수 2시간, 총 8회 16시간

2. 프로그램의 구성

영역	회기	주제	활동 내용		시간
초기	1	나의 자아이해	• 자기소개(별명, 나의 소개 등) • 교류분석 의미와 나의 자아 탐색 • CK-EGO그램 검사를 통한 자기 및 배우자 이해	인생각본의 요인1: CK-EGO그램	2
	2	나의 인생태도 이해	• CK-OK그램 검사를 통한 나의 인생태도 탐색 나와 배우자의 인생태도 이해 및 인생태도 개선방안 계획	인생각본의 요인2: CK-OK그램	2
중기	3	다문화부부의 안전망 구축하기	• 에누리와 다문화부부 관계증진을 위한 인정자극 교환방법 • 갈등해결을 위해 안전망 구축하기	에누리와 인정자극 교환	2
	4	유쾌한 다문화부부 대화	• 부부의 교류패턴 파악하기 • 상호존중 대화법 알기	교류패턴 (상보/교차/이면)	2
	5	힘찬 가정경제 설계	• 가정의 수입과 지출 탐색 • 효율적 가계운영설계 • 심리게임 활용	인생각본의 요인3: 심리게임	2
	6	성적 사랑과 친밀감 탐색하기	• 각 나라별 애정표현 및 성에 대한 태도 점검 • 성적 사랑과 친밀감 탐색하기	교환권	2
	7	함박웃음 부모 되기	• 슬픈나라(금지령) & 기쁜나라 체험 • 새로운 가족규칙 만들기	인생각본의 요인4: 금지령	2
종결	8	WING 부부 이야기	• 인생드라마 꾸미기(내 안의 날개, 소통의 날개, 사회 속 날개) • 내 사랑 포크댄스	인생각본	2

※ 이 프로그램은 Wallerstein(1995)의 성공적인 결혼생활을 위한 부부의 아홉 가지 심리적 과제를 교류분석 상담 기법과 접목하여 기획하였음.

출처: 송정애(2010). pp. 142-162 재인용 발췌 재구성.

3. 프로그램의 실제

1) 제1회기: 나의 자아이해

목 표	• 진행자와 참여자 간의 친밀감을 형성한다. • CK-EGO그램 검사 및 탐색활동을 통해 나와 배우자의 자아상태를 이해한다.		
단 계	내 용	준비물	시 간

도 입	• 진행자 소개
	• 프로그램 목표 및 진행과정 소개
	  - 회기, 시간, 진행방법, 서약
	• 친밀감 형성
	  - 사인 받기, 인증사진 찍기
		-활동안내자료
		-PPT 자료
		-A4용지, 펜
			30분

전 개	• 교류분석이란
	• CK-EGO그램 검사하기
	• CK-EGO그램 그래프 그리기
	• 나의 자아상태 탐색
	  - CK-EGO그램 구조와 기능
	    ▶ 어버이 자아(P): CP(통제적)/NP(양육적)
	    ▶ 어른 자아(A)
	    ▶ 어린이 자아(C): FC(자유스러운)/AC(순응적)
	  - 자아상태 성향(내적, 외적)
	• 나의 자아상태 나눔카드 작성하기 및 나누기
		-〈활동자료 1-1〉
		-CKEO그램 검사
		 용지
			60분

종 결	• 제1회기 정리 및 소감 발표
	• 제2회기 활동 안내
	  - CK-OK그램 검사를 통한 나의 인생태도 탐색
	• 과제 안내
	  - 나의 인생태도 세 가지 생각해 오기
			20분

유의사항	• 인사 나누고 사인 받기를 할 때 사인은 이름을 쓰도록 한다. • 워크숍 활동 중심		
기 타	※ 세부내용 혹은 활동자료 첨부		

(1) 준비(30분)

- 진행자를 소개한다.
- 이 프로그램의 목적 및 진행과정을 설명한다.
- 친밀감을 형성한다.
  - 인사 나누고 사인 받기, 인증사진 찍기

(2) 활동(70분)

〈진행방법〉

- CK-EGO그램 검사, 자아상태 나눔카드 작성, 개인 발표식

〈강의내용〉

◉ 교류분석

- 자신, 타인, 환경과의 사이에서 이루어지고 있는 교류를 분석하는 것
- 목적: P, A, C 적절히 기능, 심리게임에서 벗어남, 자율성 회복

◉ 자아상태 이해(세 가지, 다섯 가지)

- 세 가지: P, A, C
- 다섯 가지: CP, NP, A, FC, AC
  - 어버이 자아(P): CP(통제적 어버이), NP(양육적 어버이)
  - 어른 자아(A)
  - 어린이 자아(C): FC(자유스러운 어린이), AC(순응적 어린이)

◉ 자아상태 성향(내적, 외적)

구조의 편향형	기능의 주도형	자아상태의 성향	
		내 적	외 적
P	CP	가치판단적	통제적, 원칙, 책임감, 엄격
	NP		과보호적, 배려, 봉사
	A		기계적, 합리적, 정확성

	FC		자기도취적, 활력, 신바람
	AC		자기비하적, 타협, 협동
	CP		통제적, 원칙, 책임감, 엄격
	NP		과보호적, 배려, 봉사
A	A	현실판단적	기계적, 합리적, 정확성
	FC		자기도취적, 활력, 신바람
	AC		자기비하적, 타협, 협동
	CP		통제적, 원칙, 책임감, 엄격
	NP		과보호적, 배려, 봉사
C	A	본능적	기계적, 합리적, 정확성
	FC		자기도취적, 활력, 신바람
	AC		자기비하적, 타협, 협동

◉ **CK-EGO그램 기본해석(CKEO그램 해설서 참고)**

• 역기능적 자아상태 구조

• 역기능적 자아상태 기능(기능과잉, 기능결핍의 31유형)

◉ **자아성장을 위한 방안**

자아상태의 성장촉진을 위한 행동지침

CP 촉진방법: 자 · 타에게 엄하게 한다.

NP 촉진방법: 자 · 타에게 관대하게 한다.

A 촉진방법: 현실지향적 태도를 취한다.

FC 촉진방법: 자기의 희로애락을 잘 표현한다.

AC 촉진방법: 타인의 감정에 맞춘다.

• 교류분석이란?

• CK-EGO그램 검사하기

• CK-EGO그램 그래프 그리기

　- 연령 · 성별 규준 점수 알아보기, CKEO그램 해설서 사용

- 나의 자아상태 탐색
  - CK-EGO그램 구조와 기능
  - 자아상태 성향(내적, 외적)
  - 자아성장을 위한 방안
- 나의 소개 및 자아상태 나눔카드 작성하기 및 나누기(〈활동자료 1-1〉)

〈준비물〉

- CK-EGO그램 검사용지, CKEO그램 해설서
- 나의 자아상태 나눔카드, 펜

(3) 마무리(20분)

- 제1회기 정리 및 소감을 발표한다.
- 제2회기 활동을 안내한다(CK-OK그램 분석).
- 과제를 안내한다.
  - 나의 인생태도 생각해 오기

활동자료 1-1 나의 소개 및 자아상태 나눔카드 (CKEO그램 해설서를 참고하여 작성한다.)

나의 소개 및 자아상태 나눔카드

나(저)는   (별칭) _____ (설명) _____

(이름) _____ 입니다.

내(제)가 좋아하는 것?(음식, 날씨…) _____

잘하는 것?(음식, 잘하는 잔소리…) _____

잘못하거나 싫어하는 것은? _____

갖고 싶은 것? _____

가족관계는? _____ 입니다.

나(저)의 자아상태는 (구조) _____ P · A · C _____ 자아

(기능) _____ CP · NP · A · FC · AC _____ 주도형이며

(내적) _____ 성향

(외적) _____ 성향입니다.

나(저)는 자아성장을 위한 노력으로

_____ 하겠습니다.

※ 본인은 본 프로그램 진행 시 성실히 참여할 것을 서약합니다.

년   월   일

이름   (서명)

2) 제2회기: 나의 인생태도 이해

목 표	• CK-OK그램을 통해 나의 인생태도를 분석한다. • 나의 인생태도를 이해하고 바람직한 인생태도를 계획한다.		
단 계	**내 용**	**준비물**	**시 간**
도 입	• 제1회기 교육 요약 설명 • 과제 점검 • 제2회기 교육내용과 진행방식 소개 • ICE BREAKING 　- 숫자 맞추기	-과제물 -활동안내자료 -PPT 자료	15분
전 개	• CK-OK그램 검사하기 • 나의 인생태도 탐색 　- CK-OK그램 순기능, 역기능 살펴보기 　- 타인부정(U-), 타인긍정(U+) 　- 자기긍정(I+), 자기부정(I-) • U와 I의 심적 에너지 편향 살펴보기 　- U형(타인중심형) / I형(자기중심형) • OK목장 그리기 　- OK목장 그리기 　- 개선방안 알아보기 • 나의 인생태도 계획 및 계획 나누기	-CK-OK그램 검사 　용지 -〈활동자료 2-1〉 -〈활동자료 2-2〉	90분
종 결	• 제2회기 정리 및 소감 발표 • 제3회기 활동 안내 　- 인정자극의 유형과 부부관계 증진을 위한 인정자 　　극 교환방법, 안전망 구축방법 • 과제 안내 　- 내가 주로 사용하는 인정자극 방법 알아오기		15분
유의사항	• 나의 인생태도 설명 시 에피소드로 설명한다. • 워크숍 활동 중심 • 인생태도 나누기 순서는 이름카드를 뽑는 방식		
기 타	※ 세부내용 혹은 활동자료 첨부!		

(1) 준비(15분)

- 제1회기 교육을 간단히 요약하여 설명한다.
- 과제를 점검한다.
- 제2회기 교육 진행내용과 방식에 대해 소개한다.
- 아이스브레이킹(ICE BREAKING): 숫자 맞추기

(2) 활동(90분)

〈진행방법〉

- CK-OK그램 검사, 나의 인생태도 나눔, 발표, 토의식

〈강의내용〉

- CK-OK그램 검사하기
  - CK-OK그램 검사지, 해설서 사용
- 나의 인생태도 탐색
  - CK-OK그램 순기능 및 역기능 살펴보기
    → 타인부정(U-), 타인긍정(U+) / 자기긍정(I+), 자기부정(I-)
  - U와 I의 심적 에너지 편향 살펴보기
    → U형(타인중심형) / I형(자기중심형)
- OK목장 그리기
  - 나의 인생태도 그리기
- 나의 인생태도 계획 및 계획 나누기
  - 나의 인생태도를 알아보고, 바람직한 인생태도를 형성하기 위해 자신을 위한 계획과 가족을 위한 실천계획을 작성하고 나누기(〈활동자료 2-1〉)

〈준비물〉

- CK-OK그램 검사용지
- OK목장 그리기(〈활동자료 2-1〉)
- 나의 인생태도 실천계획하기(〈활동자료 2-1〉)

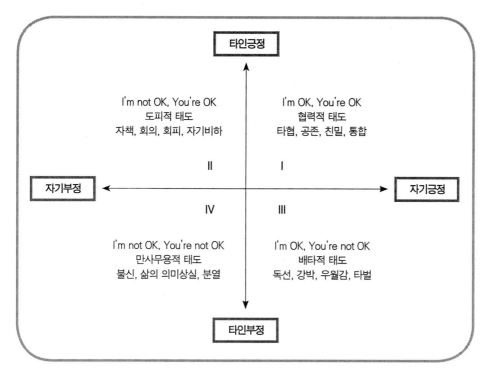

[그림 1-1] OK그램 기본 해석표

(3) 마무리(15분)

- 제2회기 정리 및 소감을 발표한다.
- 제3회기 활동을 안내한다.
  - 다문화부부 관계증진을 위한 인정자극 유형과 인정자극 교환법, 안전망 구축방법
- 과제를 안내한다.
  - 내가 자주 사용하는 인정자극 유형과 안전망 구축방법 알아 오기

활동자료 2-1   OK목장 그리기

나의 인생태도를 그려 보세요.

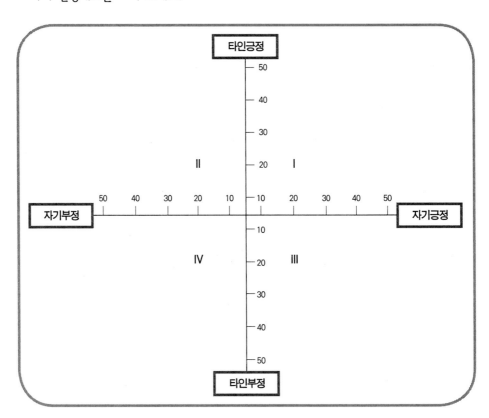

• 개선방안

_____

_____

활동자료 2-2   나의 인생태도 계획

나의 인생태도를 알아보고 바람직한 인생태도를 형성하기 위한 자신을 위한 계획과 가족을 위한 실천계획을 적어 보세요.

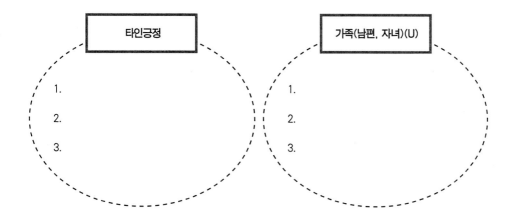

3) 제3회기: 다문화부부의 안전망 구축하기

목 표	• 인정자극 및 에누리와 경제법칙 타파하기에 대해 안다. • 다문화부부 관계증진을 위한 인정자극 교환방법에 대해 안다. • 갈등해결을 위한 안전망 구축방법을 안다.		
단 계	내 용	준비물	시 간
도 입	• 2회기 교육 요약 설명 • 과제 점검 • 3회기 교육과 진행방식 소개 • ICE BREAKING - 연상퀴즈	- 과제물 - 활동안내자료 - PPT 자료	15분

전 개	• 인정자극
	  - 인정자극 유형
	  - 에누리
	  - 인정자극 경제법칙과 경제법칙 타파하기
	• 부부관계 증진을 위한 인정자극 교환방법
	• 갈등해결을 위한 안전망 구축방법
	  - 갈등 및 불일치 해결을 위한 규칙 정하기
	• 러브하우스 찾아가기 게임
	  - 부부가 한 팀이 되어 게임을 한다.
	  - 한 명은 주사위를 던지고, 한 명은 말이 된다.
	  - 부부가 인정자극 유형별 미션을 수행한다.
	  - 가장 먼저 러브하우스에 도착한 부부가 승리한다.
		- 〈활동자료 3-1〉
		  〈활동자료 3-2〉
		- 주사위 3개
		- 미션게임판(전지) 3장
			90분

종 결	• 제3회기 정리 및 소감 발표 • 제4회기 활동 안내 - 교류패턴 분석(상보교류, 교차교류, 이면교류) • 과제 안내 - 나의 교류패턴 알아 오기(세 가지씩)		15분
유의사항	• 주사위 게임 시 게임판, 주사위, 미션을 직접 제작할 수 있게 한다. • 미션은 인정자극 유형별로 포함할 수 있도록 한다.		
기 타	※ 세부내용 혹은 활동자료 첨부		

(1) 준비(15분)

- 제2회기 교육을 간단히 요약하여 설명한다.
- 과제를 점검한다.
- 제3회기 교육내용 및 진행방식에 대해 소개한다.
- 아이스브레이킹(ICE BREAKING): 연상퀴즈

(2) 활동(90분)

〈진행방법〉

- 3팀 공동게임, 상황재연 활동

〈강의내용〉

◉ 인정자극

- 인정자극은 신체접촉 · 정신적 · 언어적 인정 등을 의미한다.
- 인간은 기본적으로 인정받기 위한 욕구가 내재되어 있다.
- 유아기의 신체적 인정자극의 욕구는 성장하면서 정신적 인정자극의 욕구로 이행한다.
- 인정자극은 인간을 지탱해 주는 몸과 마음의 영양물이다.
- 기분 좋은 자신과 타인관계를 가지려면 서로 인정자극을 아끼지 말고 주어야 한다.

◉ **에누리**

- 관계에 있어 에누리하지 않고 긍정적 인정자극을 풍부하게 주어야만이 바람직한 인간관계를 구축하는 기초가 된다.
- 에누리는 축소, 왜곡시키는 것이다.
  예)"난 네가 철자를 말할 수 없다는 것을 알아."

◉ **인정자극 유형**

- 긍정적 인정자극과 부정적 인정자극
- 신체적 인정자극과 언어적 인정자극
- 무조건적 인정자극과 조건적 인정자극

인정자극	신체적	언어적-정신적	조건적	무조건적
존재인지 (인간, 인식)	접촉에 의한 것 직접적인 것	말에 의한 것 간접적인 것	행위나 태도에 대한 것	존재나 인격에 대한 것
긍정적 (상대가 기분 좋음)	머리를 쓰다듬어 준다. 손을 잡아 준다 어깨를 쳐 준다.	칭찬을 듣는다. 금일봉을 받는다. 표창을 받는다.	심부름 고맙다. 좋은 일 했다. 용감한 행위다.	너와 함께 있어서 행 복하다. 나는 너를 좋아해. 넌 훌륭한 사람이야.
부정적 (상대가 기분 나쁨)	때린다. 꼬집는다. 걷어찬다.	꾸중한다. 얕잡아 본다. 흘겨본다.	공부 안 하면 안 돼. 또 망쳤구나. 그 태도가 뭐냐.	이혼합시다. 회사를 그만두게. 그 녀석을 없애 버려.

◉ **인정자극 경제법칙**

대부분이 어린 시절 부모의 억압으로 인정자극 교환을 제한하고 있다.

- 주어야 하는 인정자극을 주어서는 안 된다.
- 원하는 인정자극을 요구해서는 안 된다.
- 원하는 인정자극이 와도 받아들여서는 안 된다.
- 원하지 않는 인정자극이 왔을 때 거절해서는 안 된다.
- 자기 자신에게 인정자극을 주어서는 안 된다.

◉ 인정자극 경제법칙 타파하기

우리는 인정자극을 요구 및 거절할 수 있으며, 즐길 수 있다.

- 주어야 하는 인정자극을 주라.
  - 당신이 유리창을 깨끗이 닦아서 좋아요.
- 원하는 인정자극을 요구하라.
  - 당신이 어머니에게 예의 바르게 행동했으면 좋겠어.
- 원하는 인정자극이 왔을 때 받아들이라.
  - 당신! 고마워요. 나를 그렇게까지 생각해 주니.
- 원하지 않는 인정자극이 왔을 때 거절하라.
  - 고맙지만 이것은 내가 해야 할 일이니 당신이 알아서 해요.
- 자기 자신에게 인정자극을 주라.
  - 이 정도면 나는 대단한 거야.

◉ 부부관계 증진을 위한 인정자극 교환방법

- 상호 긍정적 인정자극 교환하기
- 인정자극 경제법칙 타파하기

◉ 갈등해결을 위한 안전망 구축방법

- 타임아웃
  - 대화 도중 갈등을 통제할 수 없는 상황이 될 때 '타임아웃'을 부르는 방법
    이며, 미숙하고 소모적인 논쟁을 멈추고 관계가 파괴적인 공격으로 상처
    받지 않도록 도와준다.
- 규칙 정하기
  - 부부간에 갈등 및 불일치의 문제를 해결할 수 있는 규칙을 의미하며 규칙
    이 분명하게 정해질 때 문제를 더 잘 해결할 수 있다.
- 제3의 호칭 사용하기
  - 화났을 때 '평강공주님' 등

1. 인정자극에 대해 알아본다(〈활동자료 3-1〉).
   ① 인정자극 유형을 알아보고 경험을 나눈다.
   ② 에누리를 알아보고 경험을 나눈다.
   ③ 경제법칙과 경제법칙 타파하기를 알아보고 경험을 나눈다.

2. 부부관계 증진을 위한 인정자극 교환방법을 알아본다(〈활동자료 3-1〉).

3. 갈등해결을 위한 안전망 구축방법을 알아본다(〈활동자료 3-1〉).

4. 러브하우스 찾아가기 게임을 한다(〈활동자료 3-2〉).
   ① 부부가 한 팀이 되어 게임을 한다.
   ② 한 명은 주사위를 던지고, 한 명은 말이 된다.
   ③ 부부가 인정자극 유형별 미션을 수행한다.
   ④ 가장 먼저 러브하우스에 도착한 부부가 승리한다.

   ※ 미션은 대상 수준에 따라 이미지 또는 단어를 사용한다.

〈준비물〉
- 〈활동자료 3-1〉〈활동자료 3-2〉
- 게임자료: 주사위 3개, 게임 판 3개

(3) 마무리(15분)
- 제3회기 정리 및 소감을 발표한다.
- 제4회기 활동을 안내한다.
  - 나의 교류패턴 분석하기(상보교류, 이면교류, 교차교류)
- 과제를 안내한다.
  - 나의 교류패턴 세 가지씩 알아 오기

활동자료 3-1   나의 인정자극 교환방법 탐색

일상생활 속에서 경험한 인정자극을 알아보고 재연해 보세요.

나의 인정자극 교환

1. 내가 자주 사용 또는 경험한 인정자극

(인정자극) 엄마는 "잘했어." 칭찬하며 안아 주신다.

(느　　　　껌) 기분이 좋다. 날 인정해 주는 엄마가 좋다.

2. 내가 자주 사용 또는 경험한 에누리

(에 누 리) 친구는 '넌 이 게임 할 줄 모르잖아.'라고 이야기한다.

(느　　　　껌) 기분 나쁘다 → "혹시 너 이 게임 할 줄 아니?"라고 물어봤으면 좋겠다.

3. 내가 가지고 있는 인정자극 경제법칙

(경제법칙) 나도 숙제를 해야 하는데 거절을 못해서 부탁을 들어주느라 밤새워서

숙제를 한 적이 있다.

(느　　　　껌) 바쁠 때는 짜증난다. → "많이 바쁜가 보구나. 그런데 미안하다.

나도 숙제해야 하거든."이라고 사실을 말하고 거절한다.

※ 결단

　　나는 인정자극 교환을 제한하고 있는 경제법칙을 타파한다.

　　나는 긍정적인 인정자극을 사용한다.

➡ 갈등해결을 위한 안전망 구축방법

제3의 호칭. 타임아웃. 규칙 정하기

활동자료 3-2　러브하우스 찾아가기(주사위 게임) – 인정자극 유형별 미션수행

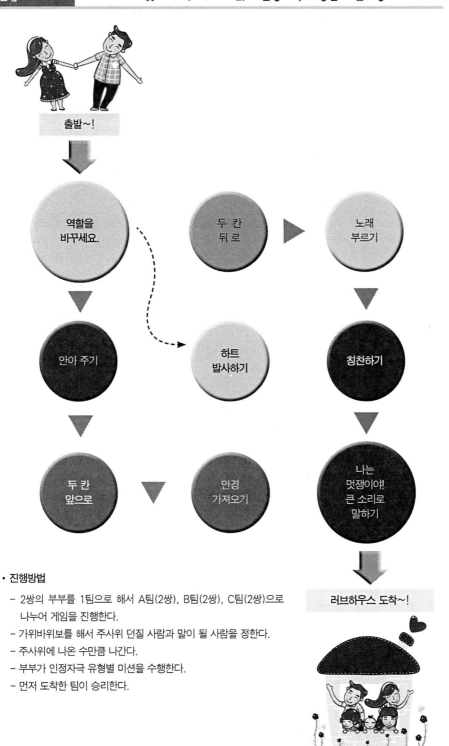

- **진행방법**
  - 2쌍의 부부를 1팀으로 해서 A팀(2쌍), B팀(2쌍), C팀(2쌍)으로 나누어 게임을 진행한다.
  - 가위바위보를 해서 주사위 던질 사람과 말이 될 사람을 정한다.
  - 주사위에 나온 수만큼 나간다.
  - 부부가 인정자극 유형별 미션을 수행한다.
  - 먼저 도착한 팀이 승리한다.

4) 제4회기: 유쾌한 다문화부부 대화

목 표	• 다문화부부의 교류패턴 종류와 방법에 대해 안다. • 다문화부부의 상호존중 대화법에 대해 안다.		
단 계	내 용	준비물	시 간
도 입	• 제3회기 교육을 요약 설명 • 과제 점검 • 제4회기 교육내용과 진행방식 소개 • ICE BREAKING - 이구동성	- 과제물 - 활동안내자료 - PPT 자료	15분

전 개	• 다문화부부의 교류패턴 탐색하기
	  - 상보교류
	  - 교차교류
	  - 이면교류
	• 다문화부부의 유쾌한 대화방법 알아보기
	  - 상호존중 대화, 관계개선을 위한 부부대화
	• 〈거위의 꿈〉 노래 부르며 손 마사지하기
	  - 전체는 둥그렇게 앉으며, 부부가 서로 마주 보고 앉는다. 서로의 손등에 로션을 발라 주고 팔 → 손등 → 손바닥 → 손가락 순으로 자유롭게 마사지해 준다.
		- 〈활동자료 4-1〉
		
		- 〈거위의 꿈〉 CD
			90분

종 결	• 제4회기 정리 및 소감 발표
	• 제5회기 활동 안내
	  - 힘찬 가정경제 설계, 심리게임
	• 과제 안내
	  - 내가 사용하는 심리게임 생각해 오기
			15분

유의사항	• 교류패턴별로 역할극을 재연한다. • 〈거위의 꿈〉은 CD 음악을 활용하며 편안한 상태에서 마사지 시간을 갖도록 한다.		
기 타	※ 세부내용 혹은 활동자료 첨부		

(1) 준비(15분)

• 제3회기 교육을 간단히 요약하여 설명한다.

- 과제를 점검한다.
- 제4회기 교육내용 및 진행방식에 대해 소개한다.
- 아이스브레이킹(ICE BREAKING):　이구동성

(2) 활동(90분)

〈진행방법〉

- 교류패턴 경험 나누기, 부부 2쌍 1팀별 토의 및 역할극 진행

〈강의내용〉

◉ **다문화부부의 교류패턴**

일상생활 속에서 주고받은 말, 태도, 행동을 분석하는 것이다.

- **상보교류**: 보내진 메시지에 예상대로 반응이 돌아오는 것, 바람직한 교류

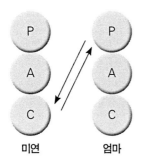

미연: 엄마! 애들이 막 때려요!

엄마: 누가 우리 미연이 때리니?

　　　어디 아프니?

- **교차교류**: 예상 외의 수신자 반응이 돌아와 대화단절, 싸움이 되는 교류. 뒤틀린 관계가 원인임

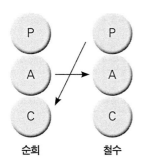

순희: 지금 몇 시쯤 됐지?

철수: 그 정도는 네가 알아봐.

• 이면교류: 숨겨진 의도를 지닌 메시지, 2개 이상의 자아를 동시에 포함

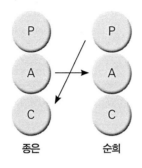

종은   순희

종은: 너 참 날씬해졌는데?

(살 좀 빼지 그러니?)

순희: 아니야. 네가 더 날씬하잖아~.

(날씬하긴 너보다 내가 더 날씬하지~.)

다문화부부 대화관계를 개선하려면

• 대화는 상보에서 시작해서 상보로 끝나는 것이 바람직하다.
  – 말을 솔직하게 수용하고 솔직하게 되돌려 준다.
• 대화는 교차교류를 하지 않는다.
  – 평상시에 교차교류를 어떻게 하는지 반성해 본다.
• 커뮤니케이션 능력을 향상하려면 이면교류는 단절되어야 한다.
  – 이면교류는 부정 교류가 많아져서 타인과의 관계를 악화시키는 경우가 많다.

다문화부부 상호존중 대화법

A 상대방의 감정 읽기 → B 공감하기 → C 문제해결 내용 전달하기

적절하게 대화하기
• 활력을 불어넣는 대화
• 칭찬과 격려가 있는 대화
• 솔직하게 자기표현
• '너' 대신에 '나'라는 단어 사용
• 말 없는 말이 마음을 움직임
• 부정적인 대화는 타인에게 상처가 되므로 피해야 함.

대화를 잘하지 못하는 이유

- 부적절한 경청태도
- 가치관의 차이
- 문화 차이
- 비판적 태도
- 묵비권 행사
- 끊임없는 자기자랑
- 용서에 인색할 때
- 감정의 활화산
- 기계적이고 바쁜 생활
- 피곤함
- 충돌에 대한 두려움
- 소재의 빈곤

경청에 방해되는 요소

- 자신을 방어하는 태도
- 타인에게 가지고 있는 편견이나 태도
- 자신의 마음속 고민
- 타인의 말을 중간에 가로채는 경우

경청의 10계명

① 미리 판단하지 말라.
② 자신의 생각을 덧붙이지 말라.
③ 자신이 들은 것이 전부라고 생각하지 말라.
④ 들은 것을 다른 곳으로 옮기지 말라.
⑤ 어떤 말을 하든 마음을 닫지 말라.
⑥ 말을 끝까지 들으라.
⑦ 다른 의미로 해석하지 말라.
⑧ 이야기하고 있는 동안에 대답하지 말고 대답을 준비하지 말라.
⑨ 말을 올바르게 정정해 주는 데 두려움을 갖지 말라.
⑩ 공평하게 서로의 말을 들어 주라.

◉ 다문화부부의 교류패턴 탐색하기(교류패턴 작성 및 재연 〈활동자료 4-1〉)

- 상보교류
- 교차교류
- 이면교류

◉ 다문화부부의 유쾌한 교류를 위한 대화방법 알아보기

- 다문화부부 대화관계를 개선하려면 대화교류 패턴은 상보교류가 바람직하 며 상대방이 말하는 것을 잘 경청한다.
- 다문화부부 상호존중 대화법
  - A 상대방의 감정 읽기 → B 공감하기 → C 문제해결 내용 전달하기

◉ 〈거위의 꿈〉 노래 부르며 손 마사지하기

- 전체 둥그렇게 앉은 다음 부부가 둘씩 마주 보고 앉는다.
- 서로의 손등에 로션을 발라 주고 마사지해 준다.
- 마사지는 로션을 듬뿍 바른 후 팔 → 손등 → 손바닥 → 손가락 순으로 자유 롭게 진행한다.
- 마사지가 끝난 후에는 서로 안아 주고 마무리한다.

〈준비물〉

- 〈활동자료 4-1〉
- 〈거위의 꿈〉 CD, 로션 3개

(3) 마무리(15분)

- 제4회기 정리 및 소감을 발표한다.
- 제5회기 활동을 안내한다.
  - 힘찬 가정경제 설계, 심리게임
- 과제를 안내한다.
  - 내가 사용하는 심리게임 생각해 오기

활동자료 4-1	다문화부부의 교류패턴 사례

자기생활을 돌이켜 보고 일상생활 속에서의 교류패턴을 재연해 보세요.

• 상보교류

A: 엄마! 애들이 막 때려요!

B: 누가 우리 미연이 때리니? 어디 아프니?

(느낌)

• 교차교류

A: 지금 몇 시쯤 됐지?

B: 그 정도는 네가 알아봐.

(느낌)

• 이면교류

A: 너 참 날씬해졌는데(살 좀 빼지 그러니)?

B: 아니야, 네가 더 날씬 하잖아~(날씬하긴 너보다 내가 더 날씬하지~).

(느낌)

※ 결단

대화의 교류패턴을 상보교류로 바꾸겠습니다.

상대방이 말하는 것을 잘 경청하겠습니다.

부부관계 개선 · 상호존중 대화법 연습하기

A 상대방의 감정 읽기 → B 공감하기 → C 문제해결 내용 전달하기

• 늦잠 잔 남편 출근시키기

A(B): 일찍 일어나려고 하니까 많이 피곤하죠?

C: 지각하지 않으려면 5시부터 5분 간격으로 알람을 울리는 것이 좋겠어요.

5) 제5회기: 힘찬 가정경제 설계

목 표	• 부부관계와 적응에 대한 이해를 한다. • 가정경제 계획의 중요성을 인식한다. • 가정경제와 관련된 부부간의 심리게임을 점검하게 한다. • 가족 모두 편안한 맞춤형 가정경제를 설계하도록 돕는다.		
단 계	내 용	준비물	시 간
도 입	• 자기소개 • 프로그램 목적 및 과정 소개	- 과제물 - 활동안내자료 - PPT 자료	15분
전 개	• 배우자의 가정경제 능력 및 태도를 반영한 별칭 지어 주기(〈활동자료 5-1〉) • 배우자 별칭 소개하기 • 부부관계와 적응, 즉 ① 성격적 적응, ② 성적 적응, ③ 경제적 적응, ④ 친인척관계 적응 중 '경제적 적응'에 대해 간단히 이야기 나누기 • 〈활동자료 5-2〉 우리 가정의 수입과 지출 상황을 그림으로 재현하기 • 가정경제와 관련하여 부부간에 연출하는 기본적 역할은 무엇인지 활동자료 작성하기[박해자, 희생자, 구원자(〈활동자료 5-3〉)]. • 현재 가정경제탑 수준을 한 단계 올릴 수 있는 '힘찬 가정경제 up 부부수칙'(5~10개 정도)을 정하고, 심리게임 중단하기 작성하기(〈활동자료 5-4〉)	- 〈활동자료 5-1〉 〈활동자료 5-2〉 〈활동자료 5-3〉 〈활동자료 5-4〉 - 조당(2인) 전지 1장, 색종이, 풀, 가위, 크레파스	90분

	• 자신이 기대하는 가정경제 관련 배우자의 별칭을 지어 주기(〈활동자료 5-1〉). • 작성한 활동자료 발표하기 - 한 팀에서 발표를 하면 다른 팀에서는 '신체적·언어적 인정자극(stroke)'을 준다.		
종 결	• 제5회기 정리 및 소감 발표 • 제6회기 안내 • 과제 안내 - '힘찬 가정경제 up 부부수칙'을 냉장고 등 가장 쉽게 볼 수 있는 공간에 붙이고, 인증사진 찍은 것 가져오기	15분	
유의사항	• 참가자가 서로 신뢰할 수 있는 분위기를 조성한다. • 다문화가정의 경우 부부의 나이 차이가 10~15세 정도 나며, 전처 소생의 자녀가 있는 경우도 있어서 가족생활 주기가 복합되어 있다는 것을 인식하게 한다. • 개인과 부부의 발달과업은 함께 해결해야 한다는 것을 인식하게 한다.		
기 타	※ 활동자료 첨부		

(1) 준비(15분)

- 제4회기 교육을 간단히 요약하여 설명한다.
- 과제를 점검한다.
- 제5회기 교육내용 및 진행방식에 대해 소개한다.

(2) 활동(90분)

〈진행방법〉

- 강의식, 집단토의식, 커플체험

〈강의내용〉

- 배우자의 가정경제 능력 및 태도를 반영한 별칭 지어 주기(〈활동자료 5-1〉)
- 배우자 별칭 소개하기
- 부부관계와 적응, 즉 ① 성격적 적응, ② 성적 적응, ③ 경제적 적응, ④ 친인

척관계 적응 중 '경제적 적응'에 대해 간단히 이야기를 나눈다.

경제적 적응

- 부부의 소비패턴 차이 혹은 돈에 대한 관념 등에 있어 차이 알기
- 배우자 상호 성장과정에서 배운 돈에 대한 의미는 무엇인가를 대화를 통해 검토하고 그 차이를 의논하여야 함.
- 부부 상호 간의 욕구 수준을 정확히 파악하고, 가족생활 주기에 따른 경제적 수요에 원만히 대응하는 계획을 수립하여야 함.

- 우리 가정의 수입과 지출 상황을 그림으로 재현한다(〈활동자료 5-2〉).
- 가정경제와 관련하여 부부간에 연출하는 기본적 역할은 무엇인지 이야기를 나눈다(〈활동자료 5-3〉).
- 현재 가정 경제탑 수준을 한 단계 올릴 수 있는 '힘찬 가정경제 up 부부수칙'을 정하고, 심리게임 중단하기를 작성한다(〈활동자료 5-4〉).
- 자신이 기대하는 가정경제 관련 배우자의 별칭을 지어 준다(〈활동자료 5-1〉).
- 작성한 활동자료를 발표한다. 한 팀에서 발표를 하면 다른 팀에서는 '신체적 · 언어적 인정자극(stroke)'을 준다.

인정자극	신체적	언어적 · 정신적
존재인지 (인간, 인식)	• 접촉에 의한 • 직접적	• 말에 의한 • 간접적
긍정적 (상대가 좋게 느낀다)	• 머리를 쓰다듬는다. • 손을 잡아 준다. • 어깨를 쳐 준다.	• 칭찬하는 말을 듣는다. • 금일봉 • 훈장, 표창

〈준비물〉

- 〈활동자료 5-1〉〈활동자료 5-2〉〈활동자료 5-3〉〈활동자료 5-4〉
- 조당(2인) 전지 1장
- 색종이, 풀, 가위, 크레파스

(3) 마무리(15분)

- 제5회기 정리 및 소감을 발표한다.
- 제6회기 활동(성적 사랑과 친밀감 탐색하기)을 안내한다.
- 과제를 안내한다.
  - '힘찬 가정경제 up 부부수칙'을 냉장고 등 가장 쉽게 볼 수 있는 공간에 붙이고, 인증사진 찍은 것 가져오기

활동자료 5-1	가정경제 관련 별칭 예시

부정적 별칭	긍정적 별칭
구두쇠, 낭비꾼, 소비꾼, 딸빵이, 폐업꾼, 욕심쟁이, 기생충, 빈둥이, 베짱이, 나무늘보, 악플러, 깐죽이, 충동구매꾼, 심술이, 투덜이 등	알뜰이, 살림꾼, 자산꾼, 똑순이, 공글이, 청순녀, 순정이, 짠순이, 짠돌이, 똘똘이, 내조의 여왕, 내조의 대왕, 개미, 선플러 등

- 현재 시점에서의 가정경제 관련 남편의 별칭은?

_____

_____

_____

- 현재 시점에서의 가정경제 관련 아내의 별칭은?

_____

_____

_____

활동자료 5-2	우리 가정의 수입과 지출

수 입	지 출
별나무 그림, 열매로 수입 묘사	사과나무 그림, 열매로 지출 묘사
예: 내 월급, 배우자 월급, 부모원조, 보조금 등	예: 집세, 식료품비, 자녀교육비, 공과금, 의복구입비, 의료비, 부모님 용돈, 배우자 부모님 용돈, 자동차 유지비, 할부금, 보험료 등

- 그림을 완성한 후 수입을 늘릴 수 있다면 새로 추가해서 별 열매를 그리고, 지출을 줄일 수 있다면 해당 사과열매에 ×표시를 한다.
- 수입과 지출 상황에서의 심리게임을 점검한다.
- 배우자에게 고맙거나 칭찬하고 싶은 별나무 열매와 사과나무 열매를 찾아 칭찬스티커를 붙인다.
- 칭찬스티커를 붙인 이유를 이야기한다.

활동자료 5-3	우리 부부 '드라마 삼각형' 점검하기

드라마 삼각형
드라마 3각형은 박해자, 희생자, 구원자의 3개 역할로 구성된다.

박해자
두 사람 혹은 그 이상의 인간관계 속에서 주도권을 쥐고 있는 자로서 지배적인 힘을 발휘하고 상대의 행동을 억압하거나 지시한다. 새디즘적 잔인성을 갖고 희생자를 학대하거나 벌하거나 규율을 강조하는 사람이다. 주로 CP(비판적 어버이 자아)가 연출하는 역할이다.
[예: 자, 혼내 주겠어. 이 녀석(트집 잡기, 흠 들추기)!]

희생자
대립되는 인간관계에 있어서 그 힘의 균형을 유지하기 위해서 희생되는 자를 말한다. 실제는 일에 부적임자이기 때문에 인종, 성별, 신조 등의 이유에서 거절받는다고 거짓된 주장을 하는 사람이다. 주로 AC(순응하는 어린자아)가 관여하고 있다.
(예: 나를 꾸짖어 주세요.)

구원자

희생자를 원조하거나 박해자를 지지하거나 하면서 친절한 것처럼 겉치레로 타인을 자신에게 의존하게 하는 사람이다. 화해를 시키거나 관대한 태도를 보이며, 때로는 상대편을 자신에 의존시키려는 과보호적 역할도 연출하며, 때로는 호인이 되기도 한다. 주로 NP(양육적인 어버이 자아)가 연출한다.
(예: 나는 당신을 도우려고 할 뿐이야.)

※ 다중매체(예: '우리 아이가 달라졌어요') 시청으로 이해를 도모함.

가정경제와 관련하여 부부간에 연출하는 기본적 역할(박해자, 구원자, 희생자)은 무엇인지, 이때 어떤 느낌이었는지 이야기를 나눈다.

구 분	기본적 역할(심리게임)	그때 느낌은?	기대하는 것
남 편		나의 느낌은?	
아 내		나의 느낌은?	

활동자료 5-4 힘찬 가정경제 UP 부부수칙 정하기 & 심리게임 중단하기

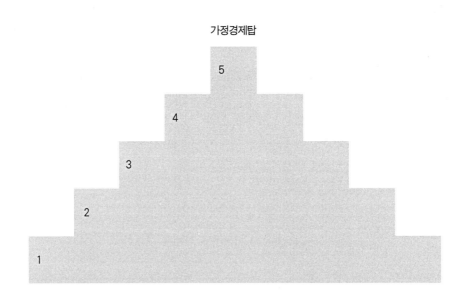

가정경제탑

힘찬 가정경제 UP 부부수칙 & 심리게임 중단하기

수칙 1.

수칙 2.

수칙 3.

수칙 4.

수칙 5.

수칙 6.　　[필수 항목] 가정경제 관련 심리게임을 중단한다.

다음 내용 중 자신의 부부에게 필요한 1개를 선택하여 심리게임 중단전략을 작성한다.

• 심리게임의 시작에 주의하고 그것을 피할 것

➡ 심리게임 중단전략 :

• 라켓(racket) 감정과 행동과의 관계를 객관적으로 관찰하기

➡ 심리게임 중단전략 :

• '드라마 삼각형'의 세 가지 역할을 어느 정도 연출하지 않도록 할 것

➡ 심리게임 중단전략 :

• 기존 교류패턴을 바꾸어 볼 것

➡ 심리게임 중단전략 :

• 나쁜 감정의 결말은 거부하고, 좋은 감정의 결말을 강구할 것

➡ 심리게임 중단전략 :

• 비생산적인 시간은 오래 보내지 말 것

➡ 심리게임 중단전략 :

• 배우자와의 관계를 풍부하게 하고, 자기인지의 기회를 증가시킬 것

➡ 심리게임 중단전략 :

• 긍정적 인정자극을 교환하고 서로 유쾌한 시간을 갖도록 할 것

➡ 심리게임 중단전략 :

힘찬 가정경제 UP 부부수칙 & 심리게임 중단하기(예시)

수칙 1. 1주일에 1회 장보기. 1회 한도액은 10~15만 원으로 한다(명절, 생일 등은 예
외로 한다).

수칙 2. 구입할 것은 부엌 〈구입 메모장〉에 수시로 적은 후, 장보기 전 배우자와 상의
후 가감하여 예산에 맞춘다(불필요한 것은 삭제한다).

수칙 3. 한달 예산액을 초과했을 시 다음 달에는 기본 예산보다 적게 사용한다.

수칙 4. 경조사비는 부부가 상의하여 적정액을 정하여 지출한다.

수칙 5. 가정수입을 늘릴 수 있는 방법을 모색하여 부부가 합심하여 매진한다.

수칙 6. [필수항목] 가정경제 관련 심리게임을 중단한다.

다음 내용 중 자신의 부부에게 필요한 1개를 선택하여 심리게임 중단전략을 작성
한다.

• 심리게임의 시작에 주의하고 그것을 피할 것
➡ 배우자를 비난하고 싶을 때, 제3의 호칭을 사용하고 배우자에게 기대하는 바를
이야기한다.
• 라켓 감정과 행동과의 관계를 객관적으로 관찰하기
➡ 배우자가 '힘찬 가정경제 UP 부부수칙'을 어겼을 때 '어른 자아'를 가지고 객관
적으로 관찰한다.
• '드라마 삼각형'의 세 가지 역할을 어느 정도 연출하지 않도록 할 것
➡ 배우자가 실수를 했더라도 이것을 언제까지나 책망하는 '박해자' 역할을 연출하
지 않는다.
• 기존 교류패턴을 바꾸어 볼 것
➡ ⓅⒶⒸ를 써서 자기행동의 발신원을 추적하여 그것을 바꾸어 본다. 내가 말하는
것보다 배우자의 말을 보다 많이 듣는다.
• 나쁜 감정의 결말은 거부하고, 좋은 감정의 결말을 강구할 것
➡ 배우자가 요리하는 것을 지켜보고 있다가 어기면 그 즉시 지적하기보다는 함께
요리를 하고 요리 시 강점을 찾아 칭찬해 준다(혹은 요리하는 배우자를 위해 시원한
음료수를 준비하거나 조용히 방으로 불러 안마를 해 준다).

- 비생산적인 시간은 오래 보내지 말 것
➡ '5분간 할 말이 있다.'고 시작하고 1시간 동안 비난하기보다는 가능한 5분 이내로 빨리 끝낸다.
- 배우자와의 관계를 풍부하게 하고, 자기인지의 기회를 증가시킬 것
➡ Sternberg의 사랑의 삼각관계 '관심 → 열정 → 헌신'을 반복해서 순환될 수 있도록 하여 배우자에게 칭찬받을 기회를 많이 만든다.
- 긍정적 인정자극을 교환하고 서로 유쾌한 시간을 갖도록 할 것
➡ 부부가 함께 공유할 수 있는 관심사, 취미를 찾아 긍정적 인정자극을 교환하고 서로 유쾌한 시간을 갖는다.

6) 제6회기: 성적 사랑과 친밀감 탐색하기

목 표	• 성에 대한 자신과 부부의 태도를 점검하도록 한다. • 상호 선호하는 포옹형태를 안다. • 친밀한 성관계를 위한 지식을 갖도록 한다.		
단 계	내 용	준비물	시 간
도 입	• 러빙터치 4단계 실습으로 친밀감 조성하기(〈활동자료 6-1〉) • 지난 시간 정리 • 과제 점검 • 제6회기 프로그램 목표 및 활동 소개	- 〈활동자료 6-1〉	15분
전 개	• 모국의 포옹방법에 대해 이야기 나누기 • 배부한 〈활동자료 6-2〉의 포옹형태 중 자신이 선호하는 포옹형태를 ○, ×표 하게 하기(부부의 포옹 선호도에 대해 이야기 나누기. • 〈활동자료 6-3〉 성에 대한 태도를 참가자들에게 나눠 주고 자신의 생각과 일치하는 부분에 ○, ×표 하게 하기 • 2~3조로 편성하기(한 조당 2~3커플). • 맘에 드는 색상의 색종이 3장, 맘에 들지 않는 색상의 색종이 2장 선택하기	- 〈활동자료 6-2〉 〈활동자료 6-3〉 〈활동자료 6-4〉 - 조당 전지 1장, 색종이, 풀, 색연필, 스카치테이프	90분

	• 자신의 성생활에 대한 만족 여부를 만족 감정카드 3장(맘에 드는 색상 색종이), 불만족 감정카드 2장 (맘에 들지 않는 색상 색종이) 작성하기 • 커플별 작성한 감정카드를 '왁자지껄 부부 성생활' 전지에 붙이기 조명 왁자지껄 부부 성생활<table><tr><td>천사의 유혹(만족할 때)</td><td>악마의 유혹(불만족할 때)</td></tr><tr><td>감정카드 붙임</td><td>감정카드 붙임</td></tr></table> • 각 조당 〈활동자료 6-4〉 배부하기 • 불만족에 해당되는 감정카드에 해당되는 교환권 색상 칠하기(〈활동자료 6-4〉 참조) • 부부가 그동안 모은 교환권(라켓 감정들이 모아진 것)은 어느 정도인지 이야기 나누기 • '악마의 유혹'에서 '천사의 유혹'으로 갈 수 있는 것을 각 조당 1개씩 골라 별표를 하고, 교환권을 줄일 수 있는 방법에 대해 이야기 나누기 • 완성된 작품 발표하기 • 조화로운 성생활의 중요성에 대해 이야기하면서 마무리하기	
종 결	• 제6회기 정리 및 소감 발표 • 제7회기 안내 • 과제 안내: - 부부 성생활 시 쌓아 온 교환권 1장을 없앨 수 있는 방법을 한 가지 찾아 실천에 옮긴다.	15분
유의사항	• 참가자가 서로 신뢰할 수 있는 분위기를 조성한다. • 교환권 색상에 대해 충분히 이해하도록 한다. • 집단에서 일어나는 모든 반응과 행동에 대해 긍정적인 피드백을 해 준다.	
기 타	※ 활동자료 첨부	

(1) 준비(15분)

• 제5회기 교육을 간단히 요약하여 설명한다.

- 과제를 점검한다.
- 제6회기 교육내용 및 진행방식에 대해 소개한다.

(2) 활동(90분)

〈진행방법〉

- 강의식, 집단토의식, 집단체험

〈강의내용〉

- 모국의 포옹방법에 대해 이야기를 나눈다.
- 배부한 〈활동자료 6-2〉의 포옹형태 중 자신이 선호하는 포옹형태를 ○, × 표 하게 한다(부부의 포옹 선호도에 대해 이야기를 나눈다).
- 〈활동자료 6-3〉성에 대한 태도를 참가자들에게 나눠 주고 자신의 생각과 일치하는 부분에 ○, × 표 하게 한다.
- 2~3조로 편성한다(한 조당 2~3커플).
- 맘에 드는 색상의 색종이 3장, 맘에 들지 않는 색상의 색종이 2장을 고른다.
- 자신의 성생활에 대한 만족 여부를 만족 감정카드 3장(맘에 드는 색상 색종이), 불만족 감정카드 2장(맘에 들지 않는 색상 색종이)을 작성한다.
- 커플별 작성한 감정카드를 '왁자지껄 부부 성생활' 전지에 붙인다.

조명:	
왁자지껄 부부 성생활	
천사의 유혹(만족할 때)	악마의 유혹(불만족할 때)
감정카드 붙임	감정카드 붙임

- 각 조당 〈활동자료 6-4〉를 배부한다.
- 불만족에 해당되는 감정카드에 해당되는 교환권 색상을 칠한다(〈활동자료 6-4〉 참조).
- 부부가 그동안 모은 교환권(라켓 감정들이 모아진 것)은 어느 정도인지 이야기

를 나눈다.
- '악마의 유혹'에서 '천사의 유혹'으로 갈 수 있는 것을 각 조당 1개씩 골라 별표를 하고, 교환권을 줄일 수 있는 방법에 대해 이야기를 나눈다.
- 완성된 작품을 발표한다.
- 조화로운 성생활의 중요성에 대해 이야기하면서 마무리한다.

〈준비물〉
- 〈활동자료 6-2〉〈활동자료 6-3〉〈활동자료 6-4〉
- 조당 전지 1장
- 색종이, 풀, 색연필, 스카치테이프

(3) 마무리(15분)
- 제6회기 정리 및 소감을 발표한다.
- 제7회기 활동(함박웃음 부모 되기)을 안내한다.
- 과제를 안내한다.
  - 부부 성생활 시 쌓아 온 교환권 1장을 없앨 수 있는 방법을 한 가지 찾아 실천에 옮기기

활동자료 6-1   러빙터치 12단계

※ 12단계 중 1~4단계까지만 파트너와 실습하도록 한다.

부부의 성적 만족을 증가시켜 주는 loving touch 순서	
① eye to body	② eye to eye
③ voice to voice	④ hand to hand
⑤ arm to shoulder	⑥ arm to waist
⑦ mouth to mouth	⑧ hand to head
⑨ hand to body	⑩ mouth to breast
⑪ hand to genitals	⑫ genitals to genitals

조화로운 성생활은 부부관계에 강렬한 새 끈을 더해 주고 결혼생활의 모든 다른 영역에 영향을 미친다. 부부가 성적 즐거움을 함께 발견하면 할수록 그들은 서로에 대한 지각과 환상, 신비감이 점점 확대된다. 같이 나누었던 에로틱한 경험, 그들이 같이 만든 추억, 육체적인 연결감, 이 모든 것이 자아이미지에 대한 상당한 변화를 준다. 좋은 성관계는 남성의 남성다움을, 여성의 여성다움에 대한 자긍심을 확인시켜 줌으로써 자신감을 강화시킨다.

－Wallerstein(1995)－

활동자료 6-2　　**포옹형태**

자신이 선호하는 문항에 ○,×로 체크해 주세요.

번호	포옹형태	포옹내용	체크	
			남편	아내
1	곰 포옹	이러한 포옹형태는 키가 큰 사람이 똑바로 서거나 작은 사람 위로 약간 구부린 채 두 팔로 상대방의 어깨를 세게 감싸 안는다(따뜻하고 든든하여 안전한 기분을 느끼게 함).		
2	A자 포옹	서로 마주 보고 서서 두 팔로 상대방의 어깨를 안는다. 이때 머리 옆 부분을 서로 맞대고 몸은 앞으로 기울이되 어깨 아래 부분은 서로 닿지 않게 한다.		
3	뺨 포옹	뺨 포옹은 흔히 정신적인 성격을 띠는 아주 가볍고 부드러운 포옹이다(아주 깊은 친밀감을 느끼게 함).		
4	샌드위치 포옹	세 사람이 함께 하는 포옹. 두 사람이 서로 마주 보고 그 사이에 세 번째 사람이 둘 중 어느 한 사람을 향한 자세로 선다. 바깥쪽의 두 사람이 서로의 허리 부근을 양팔로 껴안고 포옹한다. 세 사람의 몸이 모두 포근하게 맞닿게 된다. 역경을 헤쳐 나가거나 특별한 정신적 격려를 받아야 할 때 도움을 줄 수 있다.		

5	잡아채어 껴안기 포옹	잡아채어 껴안기 포옹은 가장 짧은 포옹이다. 한 사람이 두 팔을 벌리고 달려가서 상대방이 달아나기 전에 번개같이 꽉 끌어안은 다음 재빨리 놓아준다. 이 형태의 포옹에서 느끼는 기분은 상황에 따라 다를 수 있지만 흔히 잡아채어 껴안기 포옹에는 애정 어린 산란한 느낌이 뒤따른다.		
6	집단 포옹	집단 포옹은 같은 계획이나 활동에 참여하는 친한 친구들 사이에서 대단히 인기 있는 포옹형태다. 여럿이 되도록 서로 몸을 가까이하고 원을 이룬 다음, 어깨나 허리를 서로 감싸 안고 바짝 껴안는다(신뢰감, 안정감, 애정과 같은 좋은 느낌, 일체감과 인류에의 소속감을 느끼게 함).		
7	어깨동무 포옹	두 사람이 나란히 걸으면서 상대방의 허리 또는 어깨에 팔을 두르고 가끔씩 더 힘을 주어 껴안는다(즐겁고 장난기 어린 포옹).		
8	뒤에서 껴안기 포옹	포옹하는 사람이 상대방의 뒤로 다가와 허리를 두 팔로 붙잡고 부드럽게 껴안는 포옹방법이다(행복감과 든든한 기분).		
9	가슴 포옹	서로 마주 보고 선 두 사람이 똑바로 시선을 맞추는 데에서 시작된다. 다음에는 두 팔로 상대방의 어깨나 등을 감싼다. 머리도 맞대고 전신이 완전히 마주 닿게 한다. 가슴 포옹은 오래도록 기억에 남아 충만감을 주고, 부드럽고, 아늑하며, 솔직하며, 진실하며, 마음 든든하고 힘찬 느낌을 준다.		
10	맞춤복 포옹	누구에게나 가장 효과적인 포옹은 그때그때의 배경, 상황, 함께 있는 사람에 맞게 하는 것이다(포옹에서 얻고자 하는 것: 사랑, 힘과 용기, 우정의 재확인, 긴장 해소, 그 밖의 포옹에서 받는 기분 좋은 느낌 등을 고려할 때 가장 적합하다고 느껴지는 포옹).		

활동자료 6-3 성에 대한 태도

번호	질문	○	×
1	배우자에게 사랑한다고 자주 말합니까?		
2	당신의 성생활에 변화를 원합니까?		
3	배우자가 당신을 성생활 상대로서 만족하지 않는다고 생각합니까?		

4	성관계를 유도하는 데 적절한 때와 장소를 선택하십니까?		
5	부부 사이에 만족했던 성경험이 자주 있습니까?		
6	성적 환상이 당신의 성관계를 방해하는 일이 있습니까?		
7	성관계를 하기 전에 항상 깨끗이 씻습니까?		
8	아내에게 성에 대해 자주 이야기하십니까?		
9	당신은 생활 속에서 부부 서로에게 주는 성관계 외에 애정과 부드러움에 만족합니까?		
10	배우자가 성행위를 원하지 않는다고 말하는 것이 문제가 됩니까?		
11	일상생활의 여러 요소가 성생활에 문제를 일으키는 것을 자주 경험합니까?		
12	당신과 아내(남편)는 성에 대한 흥미가 서로 다릅니까?		
13	당신이 좋아하는 성행위와 배우자가 좋아하는 성행위가 다릅니까?		
14	성이 부부관계의 질을 결정한다고 생각하십니까?		
15	성관계를 하기 전에 배우자에게 애무를 많이 하십니까?		

활동자료 6-4   교환권(심리적 교환권) 색깔의 종류

교환권 색깔의 종류	감정의 의미
금색 교환권(gold stamp)	기분 좋음, 자기중시(예, 우월감)
갈색 교환권(brown stamp)	부적절한 감정
청색 교환권(blue stamp)	우울 감정
적색 교환권(red stamp)	분노
회색 교환권(gray stamp)	무관심, 불유쾌한 감정
황색 교환권(yellow stamp)	공포
녹색 교환권(green stamp)	질투
백색 교환권(white stamp)	결백, 독선

에누리와 교환권

에누리 (Discounting)	에누리는 문제해결과 관련된 정보를 무의식적으로 무시하는 것이다. 에누리는 마음속으로 자신에게 말을 함으로써 일어나는 것이다. 따라서 '에누리 그 자체는 눈에 보이는 것이 아니다(관찰할 수 없다).' 우리는 상대방의 마음을 읽을 수 없기 때문에, 누군가가 우리를 에누리하고 있다는 것을 알 방법이 없다. 그러나 누군가가 에누리를 하고 있다는 것을 간접적으로 시사하는 네 가지 수동적 행동유형이 있다. • 아무것도 하지 않음 • 과잉적응 • 흥분 • 무능력화 또는 폭력
교환권(stamps)	어린이 자아상태가 모으는 특별한 감정을 교환권이라고 한다. 어린이 자아에 의해 이루어지는 감정 교환권의 수집은 그것이 어느 정도 축적되면 사소한 감정의 동요를 계기로 "뭐야! 잠자코 듣고만 있으니 못할 말이 없군." 하면서 갑자기 교환을 요구하게 된다. 이것을 라켓(racket, 부적절한 감정)이라고 한다.

7) 제7회기: 함박웃음 부모 되기

목표	• 양육경험 3자 관계(내가 받았던 양육경험, 현재 나의 양육방법, 바라는 양육방법)를 안다. • 어린 시절 양육경험을 통한 초기결단과 금지령 중 버리고 싶은 것은 슬픈 나라 색종이로 재현, 감정 태우기 작업을 한다. • 결혼 전 양육경험 중 좋은 경험은 기쁜 나라 색종이로 재현한다. • 재결단으로 바람직한 자녀양육을 위한 새로운 가족규칙을 정한다. • 올바른 자녀양육관을 실천할 수 있도록 한다.

단계	내용	준비물	시간
도입	• 분위기 조성 • 지난 시간 정리 • 과제 점검 • 제7회기 프로그램 목표 및 활동 소개		15분
전개	• 양육경험 3자 관계(내가 받았던 양육경험, 현재 나의 양육방법, 바라는 양육방법) 점검하기		90분

	※ 양육 태도: 수용적, 과도한 관심, 허용적, 거부적, 지배적 • 〈활동자료 7-1〉 '열두 가지 금지령'를 배부하고, 간단히 설명하기 • 한 조(부부)당 색종이 10장을 고르게 하기 • 그중 슬픈 나라 색종이 5장, 기쁜 나라 색종이 5장으로 구분하게 하기 • 색종이 1장당 한 가지 경험 적게 하기	
		- 〈활동자료 7-1〉 〈활동자료 7-2〉 - 바구니 4개(슬픈, 기쁜, 쓰레기, 보물), 색연필, 색종이, 필기도구

슬픈 나라	기쁜 나라
감정카드 붙임	감정카드 붙임

	• 슬픈 나라 색종이는 두 번 접고, 기쁜 나라 색종이는 동물 혹은 꽃 모양으로 접기 • 참가자 전원이 슬픈 나라 색종이는 슬픈 바구니에, 기쁜 나라 색종이는 기쁜 바구니에 넣기 • 참가자 전원이 1명씩 나와 슬픈 바구니에서 색종이 1장 골라 낭독하고 찢어서 쓰레기 바구니에 넣기 • 참가자 전원이 1명씩 나와 기쁜 바구니에서 색종이 1장을 골라 낭독하고, 품에 꼭 안고 "내게 와 줘서 고마워."라고 말하고 보물 바구니에 넣기 • 보물 바구니에 넣은 것을 토대로 부부끼리 '새로운 가족규칙'을 다섯 가지 이상 작성하기(〈활동자료 7-2〉 참고) • 작성한 것을 발표하기	
종 결	• 제7회기 정리 및 소감 발표 • 제8회기 안내 • 과제 안내 - 새로운 가족규칙지를 예쁘게 꾸며서 집안 잘 보이는 곳에 붙여 놓는다.	15분
유의사항	• 참가자가 어린 시절 양육경험을 편안하게 나눌 수 있는 분위기를 조성한다. • '금지령'을 정확히 이해하도록 한다.	
기 타	※ 활동자료 첨부	

(1) 준비(15분)

- 제6회기 교육을 간단히 요약하여 설명한다.
- 과제를 점검한다.
- 제7회기 교육내용 및 진행방식에 대해 소개한다.

(2) 활동(90분)

〈진행방법〉

- 강의식, 집단토의식, 집단체험

〈강의내용〉

- 양육경험 3자 관계(내가 받았던 양육경험, 현재 나의 양육방법, 바라는 양육방법) 를 점검한다.

양육 태도와 아동의 성격

수용적 육아형(민주적인 육아형)	과도한 관심의 육아형
[부모] 아동에게 깊은 관심을 갖고, 자녀를 인격적 존재로 봄 부모는 성숙된 인격의 소유자로, 성숙한 부모의식을 갖고 있음 [자녀] 자기존중, 자타긍정, 높은 책임감, 사교적, 협동적 자기 일에 성실하고 정서적으로 안정됨	[부모] 사랑과 관심을 지나친 방법으로 표현 자녀의 성장발달과는 무관하게 아기로 생각하고, 시중들고 돌봐 주는 부모(자녀역할 대행) 자녀 앞에서 불안과 근심 자주 표현 [자녀] 의존적, 소극적, 신경질적인 성격 잘 흥분함, 지나치게 수줍어함, 주의집중력 결여
허용적 육아형(성숙된 부모의식 결여)	거부적 육아형(부모 자신의 갈등을 자녀에게 투사)
[부모] 아동이 가정을 좌지우지 부모는 아동의 노예 혹은 몸종 자녀가 부모를 지배 [자녀] 책임감 결여, 공격적, 적대적 집에서는 폭군, 집 밖에서는 매사에 두려움을 갖음 반대로 자신감을 가질 수도 있음	[부모] 자녀의 성장발달에 무관심 성장하는 자녀와 무관한 집안 분위기 조성 의식적, 무의식적, 양가적(적대적/집착) 마음 표출 [자녀] 불안정함, 자신감 결여, 무기력하고 좌절감 높음 비사교적, 사회생활 부적응 저항적, 반사회적 행동 시도

지배적 육아형

[부모]
지나친 사랑 절제
자녀의 행동 지나치게 통제
자녀를 위한 것이라고 합리화함

[자녀]
사회생활에 잘 적응, 겸손하고 사려 깊음
정직하고, 수줍고, 온순하고, 순종적
확신감 결여, 금지당한 감정 ⇒ 쉽게 지배당함

– 양육 태도: 수용적, 과도한 관심, 허용적, 거부적, 지배적
• 〈활동자료 7-1〉 '열두 가지 금지령'을 배부하고, 간단히 설명해 준다.
• 한 조(부부)당 색종이 10장을 고르게 한다.
• 그중 슬픈 나라 색종이 5장, 기쁜 나라 색종이 5장으로 구분하게 한다.
• 색종이 1장당 한 가지 경험을 적게 한다.

슬픈 나라	기쁜 나라
금지령과 관련된 상황 (슬프고, 아프고, 고통스러운 경험)	결혼 전 행복했던 경험

• 슬픈 나라 색종이는 두 번 접고, 기쁜 나라 색종이는 동물 혹은 꽃 모양으로 접는다.
• 참가자 전원이 슬픈 나라 색종이는 슬픈 바구니에, 기쁜 나라 색종이는 기쁜 바구니에 넣는다.
• 참가자 전원이 한 명씩 나와 슬픈 바구니에서 색종이 한 장을 골라 낭독하고 찢어서 쓰레기 바구니에 넣는다.
• 참가자 전원이 한 명씩 나와 기쁜 바구니에서 색종이 한 장을 골라 낭독하고, 품에 꼭 안고 "내게 와 줘서 고마워."라고 말하고 보물 바구니에 넣는다.
• 보물 바구니에 넣은 것을 토대로 부부끼리 '새로운 가족규칙'을 다섯 가지 이상 작성한다(〈활동자료 7-2〉 참고).

- 작성한 것을 발표한다.

〈준비물〉

- 〈활동자료 7-1〉〈활동자료 7-2〉, 바구니 4개(슬픈, 기쁜, 쓰레기, 보물)
- 색연필, 색종이, 필기도구

(3) 마무리(15분)

- 제7회기 정리 및 소감을 발표한다.
- 제8회기를 안내한다.
- 과제를 안내한다.
    - '새로운 가족규칙지'를 예쁘게 꾸며서 집 안 잘 보이는 곳에 붙여 놓기

| 활동자료 7-1 | 열두 가지 금지령 |

구분	금지령	내용	예	아니요
1	존재해서는 안 된다.	영유아기부터 체험한 노골적인 거절, 학대, 존재무시 또는 부모불화의 원인 ▶ 결단: 내가 죽어 주겠어.		
2	남자(여자)여서는 안 된다.	부모가 바라지 않는 성(性)으로 태어난 아이에게 주어지는 메시지 ▶ 결단: 어째서 남자(여자)에게는 이길 수 없는 것일까?		
3	아이들처럼 즐겨서는 안 된다.	쾌락은 모두 나태하고 나쁘다고 간주하는 부모, 일 중독 부모 등으로 전달되는 메시지 ▶ 결단: 나는 결코 즐겨서는 안 된다.		
4	성장해서는 안 된다.	가족의 막내를 향해 전달되는 메시지 ▶ 결단: 안전을 위해 부모로부터 떠나고 싶지 않아.		
5	성공해서는 안 된다.	"너는 무엇을 해도 틀렸어." 등 실패한 주의를 환기시키며 길러질 때 전달되는 메시지 ▶ 결단: 나는 최후에 실패한다.		

6	실행해서는 안 된다.	뭔가 실천하려고 하면 강력한 내적인 브레이크가 걸리는 사람에게 작용한다. "위험하기 때문에 해서는 안 된다." ▶ 결단: 다른 사람이 해 주기까지 기다린다.		
7	중요한 인물이 되어서는 안 된다.	"너는 아이니까 침묵하고 있어라." 등 언제나 억압되어 자기주장이 허용되지 않는 가정 ▶ 결단: 어쨌든 누구도 나를 인정해 주지 않는다.		
8	소속되어서는 안 된다.	부모에게 엘리트의식이 강하거나 뭔가 소외감이 있거나 하여 가족이 고립된 생활방식을 하고 있는 경우 전달되는 메시지 ▶ 결단: 고립·폐쇄를 특징으로 하는 인생		
9	사랑해서는 안 된다.	친절한 애정표현이 거의 보이지 않는 가정에서 발신하는 메시지 ▶ 결단: 사랑은 반드시 도중에 깨진다.		
10	건강해서는 안 된다. (제정신이어서는 안 된다.)	질병에 걸렸을 때만 부모로부터 귀염을 받는 체험이 전달되는 메시지 ▶ 결단: 나는 다른 사람보다 약하다.		
11	생각해서는 안 된다.	아이들의 자연스러운 호기심이 무시되거나 특정한 화제가 거칠게 되어 있는 가정에서 전달되는 메시지 ▶ 결단: 저것은 반드시 말로만 끝난다.		
12	자연스럽게 느껴서는 안 된다.	희로애락의 자유로운 표현이 금지되는 경우, 가정이 너무 지적이어서 정서적 교류가 결핍된 경우에 전달되는 메시지 ▶ 결단: 감정은 말로 표현해서는 안 된다.		
합계				

| | 활동자료 7-2 | 가족규칙지 | |

번호	내 용	체크
1	모든 가족행사에 참석하여야 한다.	
2	한번 약속을 하면 그 약속은 지켜야 한다.	
3	항상 성실하고 최선을 다해야 한다.	
4	사치는 나쁘기 때문에 검소해야 한다.	
5	근검절약하여 미래를 위해 준비해야 한다.	
6	성(性)에 대해 말하거나 알려고 해서는 안 된다.	
7	남자는 말을 아껴야 한다.	
8	여자는 목소리가 커서는 안 된다.	
9	여자는 남자의 의견에 반대를 해서는 안 된다.	
10	집안일은 여자의 몫이다.	
11	자녀양육은 엄마가 책임져야 한다.	
12	장남과 장녀는 장남과 장녀 노릇을 해야 한다.	
13	어른의 잘못을 지적하거나 불평해서는 안 된다.	
14	아랫사람은 윗사람에게 복종해야 한다.	
15	어른에게 말대꾸를 해서는 안 된다.	
16	말을 많이 해서는 안 된다.	
17	남에게 싫은 말을 해서는 안 된다.	
18	원하는 것을 요구하기보다 해줄 때까지 기다린다.	
19	남의 흉을 봐서는 안 된다.	
20	감정, 특히 부정적인 감정을 표현해서는 안 된다.	
21	집안일을 밖에서 말해서는 안 된다.	
22	식구들 사이에 갈등이 있어서는 안 된다.	
23	형제끼리 싸워서는 안 된다.	

24	자기 자랑을 해서는 안 된다.	
25	실수해서는 안 된다.	
26	가문에 먹칠을 해서는 안 된다.	
27	잘못하면 반드시 벌을 받아야 한다.	
28	부모에게 반드시 효를 행해야 한다.	
29	남자는 울어서는 안 된다.	
30	어른에게 걱정을 끼쳐서는 안 된다.	
31	부모의 판단이 가장 옳기 때문에 부모의 의견에 따라야만 한다.	
32	부모 마음이 불편하면 자식이 풀어 드려야 한다.	
33	거짓말을 해서는 안 된다.	
합	○: 개 △: 개 ×: 개	

8) 제8회기: WING 부부 이야기

목표	• 부부의 과거, 현재, 미래를 탐색하도록 돕는다. • 건강한 인생각본을 갖도록 돕는다. • 내 안에 날개의 근원을 찾고, 소통의 날개를 펼쳐 사회 속 풍요의 날개짓으로 비상할 시대적 소명을 부여한다.		
단계	**내용**	**준비물**	**시간**
도입	• 분위기 조성 • 지난 시간 정리 • 과제 점검 • 제8회기 프로그램 목표 및 활동 소개		15분
전개	• 부부 인생드라마 활동자료 완성하기 • 참가자 전원이 간단한 포크댄스 추기 • 새로 쓴 부부 인생각본을 춤으로 재현하기(3개의 날개가 반영되도록 재현)	- 〈활동자료 8-1〉 - 포크댄스 음악, 경쾌한 음악 - 음향장비	90분

	– 자율성 발휘를 위한 3개의 날개
	  ▶ 내 안에 날개(자존, 가정경영, 행복)
	  ▶ 소통의 날개(의사전달 능력, 교감, 자기이미지
	    관리)
	  ▶ 사회 속으로 비상(부부 드림빌딩)
	• 소감 및 발표		

종 결	• 전체 회기 정리 및 소감 나누기 • 수료식		15분
유의사항	• 부부 인생드라마 활동자료를 구체적으로 작성한다. • 춤을 출 수 있는 편한 복장을 착용하도록 사전에 알려 준다. • 각 개인이 가지고 있는 가치관은 모두 소중하므로, 타인의 가치관을 존중한다.		
기 타	※ 활동자료(부부 인생드라마 활동자료) 첨부		

(1) 준비(15분)

- 제7회기 교육을 간단히 요약하여 설명한다.
- 과제를 점검한다.
- 제8회기 교육내용 및 진행방식에 대해 소개한다.

(2) 활동(90분)

〈진행방법〉

- 강의식, 집단토의식, 포크댄스, 커플체험

〈강의내용〉

- 부부 인생드라마 활동자료를 완성한다(〈활동자료 8-1〉).
- 참가자 전원이 간단한 포크댄스를 춘다.
- 새로 쓴 부부 인생각본을 춤으로 재현한다(3개의 날개가 반영되도록 재현).
  - 3개의 날개
    → 내 안에 날개(자존, 가정경영, 행복)

→ 소통의 날개(의사전달 능력, 교감, 자기이미지 관리)

→ 사회 속으로 비상(부부 드림빌딩)

• 소감을 발표한다.

〈준비물〉

• 〈활동자료 8-1〉

• 포크댄스 음악, 경쾌한 음악, 음향장비

(3) 마무리(15분)

• 전체 회기 정리 및 소감을 발표한다.

• 수료식

활동자료 8-1	부부 인생드라마

부부가 함께 살아온 인생을 한 편의 드라마라고 생각해 봅시다. 아직 여러분의 인생 드라마는 끝나지 않고 진행 중이지만 이 시점에서 중간평가를 해 봅시다. 조용한 가 운데 자신을 성찰해 보고 다음 질문에 대해서 진지하게 답해 봅시다.

• 여러분의 부부 인생드라마에 제목을 붙인다면 무엇이라 하겠습니까?

• 여러분의 인생드라마의 타입은 무엇입니까(예: 희극, 비극, 멜로드라마, 영웅전, 코미디, 기타)?

```
┌─────────────────────────────────────────┐
│                                           │
│                                           │
│                                           │
│                                           │
│                                           │
└─────────────────────────────────────────┘
```

• 여러분의 부부 인생드라마를 보고 나서 청중은 어떻게 반응할까요(예: 박수갈채를 보낸다, 비굴하게 느낀다, 두려운 마음을 갖는다, 눈물을 흘린다, 적대감을 갖는다, 불쌍히 여긴다, 안타까워한다 등)?

```
┌─────────────────────────────────────────┐
│                                           │
│                                           │
│                                           │
│                                           │
│                                           │
└─────────────────────────────────────────┘
```

• 자율성을 발휘 · 회복할 수 있는 부부 인생각본을 새로 쓴다면 어떤 내용으로 만들겠습니까?

```
┌─────────────────────────────────────────┐
│                                           │
│                                           │
│                                           │
│                                           │
│                                           │
└─────────────────────────────────────────┘
```

※ 자율성 발휘를 위한 인생각본을 쓰도록 한다.
※ 자율성 발휘를 위한 3개의 날개: ① 내 안에 날개(자존, 가정경영, 행복), ② 소통의 날개(의사전달 능력, 교감, 자기이미지 관리), ③ 사회 속으로 비상(부부 드림빌딩)

참고문헌

김상원(2005). 성교육 성상담의 이론과 실제. 서울: 교육출판사.

보건복지부(2008). 국제결혼 한국남성 예비 · 배우자교육 프로그램 매뉴얼.

송정애(2010). 가족상담 및 치료. 경기: 양서원.

우재현(1989). 교류분석 프로그램. 경북: 정암서원.

우재현(1995). 임상교류분석 프로그램. 경북: 정암서원.

윤영화(2007). NLP 훈련 자료집. 서울: 한국NLP센터.

윤운성, 우준택, 조윤정(2011). 에니어그램으로 본 다문화세상. 경기: 양서원.

이도영, 김남옥, 추석호, 이수연, 김규식(2005). 교류분석: 이론과 실제. 서울: 중앙적성출판사.

이해경, 방기연(2011). 청소년 성교육과 상담. 경기: 양서원.

정미라, 이희선, 배소연, 최미경, 조윤정(2006). 자녀양육과 부모역할. 경기: 양서원.

최영일(2011). TA이론의 실제와 자기분석. 광주: 꿈꾸는 씨앗.

최영일(2012). 교류분석 강의지침서 I. II. 광주: 꿈꾸는 씨앗.

최영일(2013). CKEO그램 성격검사지, 해설지. 한국이고오케이그램연구소.

제2장 # 자율적인(자각성, 자발성, 친밀성)
부모교육 프로그램

1. 프로그램의 필요성과 의의

급격한 사회변화에 따라 가족의 형태도 핵가족화되고 자녀의 양육에 있어 중요한 주체인 어머니들의 사회진출로 가정의 모성실조 현상까지도 드러나고 있다. 이러한 사회변화에 따라 가정의 양육기능이 약화되어 자녀의 바람직한 양육에 어려움이 따르고 있는 실정이다.

부모교육이란 부모가 된 성인이나 예비부모에게 부모의 역할을 수행하는 데 필요한 지식과 기술을 습득할 수 있도록 지침과 정보를 제공하는 모든 종류의 의도적이고 계획적인 교육과정이라고 볼 수 있다. 부모교육이란 용어는 부모교육, 부모훈련, 부모참여, 부모개입, 부모지지, 부모역할하기 등의 용어를 특별히 구분하지 않고 혼합하여 사용하고 있다. 이러한 부모교육은 자녀양육과 교육활동에 관여하고 있는 부모들이 그들의 역할과 기능을 보다 효과적으로 충분히 잘 발휘하여 부모와 자녀 양쪽 모두의 행동을 긍정적으로 변화시키기 위한 목적으로 제공되는 교육이라고 볼 수 있다.

부모는 자녀의 성장과 발달에 중요한 영향을 주는 사람이다. 특히 초기 유아기의 경험 중 어떤 경험은 후속 성장과 행동유형에 결정적인 영향을 준다.

부모교육의 필요성이 증대되는 이유를 아동, 부모, 사회적 측면에서 기술해 보고자 한다. 먼저 아동의 측면에서 보면 첫째, 아동의 사회적·정서적 발달은 부모와 양육 태도 및 양육법에 크게 영향을 받는다. 둘째, 아동의 인지발달은 부모의 양육 태도와 방법에 크게 영향을 받는다. 셋째, 부모의 양육 태도와 방법은 아동의 신체발달을 조장하거나 저해한다. 다음은 부모의 측면에서 보면 첫째, 미성숙된 한 인간으로서 부모교육이 필요하다. 둘째, 확대가족제도의 붕괴로 젊은 세대들은 자녀양육에 따른 어른들의 도움, 조언 등을 즉각적으로 받을 수 없으므로 부모교육이 필요하다. 셋째, 도시화, 문명화, 산업화, 국제화에 따른 상이한 문화와 각기 다른 풍습, 습관 등에 따라 자신의 자녀양육에 따른 바람직한 양육모델을 갖는 데 어려움이 대두되는데, 이 젊은 부모들을 정신적으로 후원하고 자신감을 갖고 양육할 수 있도록 도와줄 부모교육 프로그램이 필요하다. 넷째, 성역할 개념의 변화에 따라 그에 적응하고 대처하기 위하여 부모교육이 필요하다. 다음은 사회적 측면에서 보면 첫째, 인적 자원의 효율적 개발이라는 측면에서 부모교육이 필요하다. 둘째, 사회균등의 정책으로 부모교육이 필요하다. 셋째, 교육의 경제성을 높이기 위해 부모교육이 필요하다. 이러한 측면에서 부모교육의 필요에 따라 이 시대에 적합한 부모교육 프로그램이 요청되는 시점이다. 이에 교류분석이론에 기초한 부모교육 프로그램이 가장 적합하고 효과적이라고 생각된다.

교류분석이론에 기초한 부모교육 프로그램은 부모나 자녀 모두에게 있어 자율성의 회복과 발휘에 초점을 맞추고 있다. 자율성이란 자녀 스스로 자각할 수 있고, 스스로 행동·사고·감정을 선택하고, 진솔하게 자신을 개방하여 긍정적인 태도를 갖도록 하는 것이다. 이러한 부모교육이 효과를 내기 위해서는 부모 스스로가 부모교육에 대한 다양한 정보들을 접하고 공유하고 나누고, 또 부모 자신의 양육방식에 영향을 준 부모세대의 방식을 인식하고 현재 부모 자신의 각본을 자각하고 스스로 자율성을 회복하고 발휘하는 부모로 자기변혁이 선행되어야 한다. 그다음 자율적인 부모교육 훈련을 통해 자녀양육을 위한 부모역할을 배워 자녀양육과 관련된 문제들을 해결할 수 있는 기본적 방법을 체득할 것이라고 생각된다.

자율적인 부모교육 프로그램은 부모가 자녀를 위한 목표를 세운 것이 아니라 자녀 스스로가 자신의 목표를 세우고 실천하는 자녀 행동의 자율성을 강조한다. 부모 자신과 자녀의 개인적 특성을 인식하기 때문에 항상 부모가 옳고 자녀에게 복종을 요구하는 그런 태도를 지양하고 있다. 이러한 부모교육이 효과를 가지고 오려면 올바른 자녀관이 필요하다. 자녀를 바르게 교육하려면 부모가 자녀를 보고 대하는 기본 관점이 일관되어야 하며 바른 자녀관을 가져야 한다. 교류분석이론 관점에서 요구되는 바람직한 자녀관은 자녀가 교육과 환경에 따라 바르고 슬기롭고 건강하게 성장, 발달할 수 있도록 하는 것이다. 자녀는 독립된 존재이며, 이들의 개성은 존중되어야 한다. 자녀의 교육과 지도는 가정, 학교, 사회의 긴밀한 협동하에 이루어져야 한다. 자녀의 행동적 특징은 그들을 지도하는 어른 사회의 반영이다. 자녀는 한 인간으로 존중되어야 한다.

이와 같은 관점에서 교류분석이론에 기초한 자율적인 부모교육 프로그램이 매우 유용하다는 판단을 하고 이 시대가 요구하는 관점에서 자율적인 부모교육 프로그램을 개발하고자 한다.

1) 프로그램 목표

- 자신을 이해하고 긍정적인 인간관계를 형성할 수 있다.
- 자녀를 이해하고 친밀한 관계를 형성할 수 있다.
- 의사소통 방법과 긍정적인 자극으로 자녀와의 갈등을 해결할 수 있는 힘을 기른다.
- 자녀와의 관계에서 부모로서 스스로 선택하고 자기통제력을 기른다.

2) 프로그램 운영방법

- 대상: 부모
- 기간: 주 1회, 1회당 시수 2시간, 총 8회, 총 16시간

2. 프로그램의 구성

영역	회기	주제	활동내용		시간
초기	1	반가워요	• 진행자 소개와 전체 프로그램 안내 • 별칭 짓기 • 서약서 정하기 • 별칭으로 자기소개하기	서약서, 자기소개	2
	2	자기이해	• CKEO그램 검사 실시 • 자아구조 분석과 자아기능 분석을 통하여 자아상태를 분석하기 • 자아상태 촉진행동 작성해 보기 • 소감 및 느낌 나누기	CKEO그램 작성	2
	3	자기이해	• 직관 CK-EGO그램 작성하기 • CKEO그램 분석하여 자신의 상태를 발표하기		2
중기	4	자녀이해	• 자녀와 대화법의 문제점 탐색하기 • 교류패턴 설명하기 • 과녁 맞히기를 활용한 효과적인 대화하기 • 소감 및 느낌 나누기	교류패턴 (상보/교차/ 이면)	2
	5	자녀와의 관계이해	• 수용의 의미와 인정자극과의 관계에 대해서 이해하기 • 자녀에게 어떤 인정자극을 사용하는지 경험 나누기 • 인정자극 경제법칙 타파하기 • 소감 및 느낌 나누기	인정자극 체크리스트, 인정자극 프로파일	2
	6	자녀와의 관계이해	• 자녀와의 관계에서 심리게임의 이해(교환권, 드라마 삼각형) • 소감 및 느낌 나누기	심리게임	2
	7	자녀와의 관계이해	• 축소각본을 통하여 감정 알아보기 • 자신의 감정을 통제하기 힘든 이유를 탐색하기 • 자녀에게 감정 표현하기 • 소감 및 느낌 나누기	드라이버 체크리스트	2
종결	8	부모로서의 재결단	• 좋은 부모가 되려면 어떻게 해야 하는지 나누기 • 재결단 다짐 나누기 • 마무리 및 소감문 작성하기 • 사후검사	인생각본	2

3. 프로그램의 실제

1) 제1회기: 반가워요!

목 표	• 지도자와 참가자의 신뢰감을 형성한다. • 참가자 간 친밀감을 형성한다. • 프로그램의 목표와 과정의 흐름을 안다.		
단 계	**내 용**	**준비물**	**시 간**
도 입	• 진행자 소개 • 프로그램 진행과정 소개 　- 회기, 시간, 진행방법	- PPT 자료	20분
전 개	• 나의 소개 　- 별칭 짓기(좋아하는 식물이나 동물) 　- 자신의 성격은? 　- 좋아하는 것? 　- 잘하는 것? 　- 되고 싶은 것? 　- 가족관계 등 • 현재 부모역할 상태의 점수는 몇 점 정도일까요? 　- 부모역할을 가장 잘하고 있는 상태를 10점, 가장 못하는 상태를 1점으로 할 때 현재 당신의 점수는? 　- 몇 점 정도로 변화하고 싶으세요? 변화하기 위해 어떻게 하면 될까요?	- 〈활동자료 1-2〉	80분
	• 전 회기 프로그램 안내 　- 전체적인 프로그램의 흐름을 설명해 준다.		
	• 서약서	- PPT 자료 - 〈활동자료 1-1〉	
종 결	• 제1회기 정리 및 소감 발표 • 제2회기 활동 안내 　- 자아 구조와 기능 분석	- 〈활동자료 1-3〉	20분

유의사항	• 전체적인 흐름을 파악할 수 있도록 설명한다. • 적극적인 참여가 되도록 분위기를 형성한다. • 라포형성이 잘 이루어질 수 있도록 한다.
기 타	※ 세부내용 혹은 활동자료 첨부

(1) 준비(20분)

- 진행자를 소개한다.
- 이 프로그램 목적 및 진행과정을 설명한다.

(2) 활동(80분)

〈진행방법〉

- 강의식, 집단토의식

〈강의내용〉

◉ 나의 소개

- 나의 소개(〈활동자료 1-2〉) 내용을 작성한다.
  - 자신의 별칭은 좋아하는 식물이나 동물로 표현한다.
  - 자신의 성격은(통제적인, 강한 카리스마, 내향적, 외향적, 남의 말을 잘 듣는, 우유부단한, 직선적인, 독단적인, 독선적인, 우울해 하는, 신나는, ……)?
  - 좋아하는 것(음식, 날씨, ……)?
  - 잘하는 것(음식, 잘하는 잔소리, ……)?
  - 되고 싶은 것?
  - 가족관계
- 둘이서 짝지가 되어 서로 나누기를 하고 난 후, 발표 시는 상대방을 소개하도록 한다. 상대방의 이야기를 경청할 수 있도록 할 수 있다.
- 집단원의 성격 소개를 경청하면서 진행자는 집단의 역동을 미리 생각해 볼 수 있다.

※ 자기소개를 하면서 집단원의 성향이나 자녀와의 관계를 파악할 수 있다.

◉ **서약서 서명하기**
- 서약서를 설명하고 집단원끼리 확인한 후 서명한다.

◉ **교류분석 개념과 프로그램에 대한 소개**
- 8회기 동안 교류분석의 전체적인 흐름을 설명한다.

◉ **자녀와의 관계에서 개선하고 싶은 점 나누기**
- 자녀와의 관계에서 일관적이지 못한 감정조절에 대해서 서로 이야기를 나누어 본다.

〈준비물〉
- 교류분석 강의지침서 I. PPT 자료
- 〈활동자료 1-1〉〈활동자료 1-2〉

(3) 마무리(20분)

〈진행방법〉
- 집단토의식

〈강의내용〉
- 제1회기 정리 및 소감을 발표한다(〈활동자료 1~3〉).
- 제2회기 활동을 안내한다.
  - 자아 구조와 기능 분석

활동자료 1-1	서약서

서 약 서

본인은 부모교육 프로그램에 다음 사항을 지킬 것을 서약합니다.

1. 나는 나의 느낌이나 생각을 솔직하게 표현하겠습니다.
2. 프로그램의 모든 활동에 적극적으로 참여하겠습니다.
3. 다른 사람들의 이야기를 경청하겠습니다.
4. 프로그램 중 알게 된 집단원의 개인적인 사실에 대하여 비밀을 지키겠습니다.
5. 다른 사람의 피드백을 긍정적으로 받아들이겠습니다.
6. 매회 모임에 지각이나 결석 없이 성실히 참여하겠습니다.

20 년   월   일

집단원	(서명)	집단원	(서명)
집단원	(서명)	집단원	(서명)
집단원	(서명)	집단원	(서명)
집단원	(서명)	집단원	(서명)
집단원	(서명)	집단원	(서명)
집단원	(서명)	집단원	(서명)
집단원	(서명)	집단원	(서명)
집단원	(서명)	집단원	(서명)

활동자료 1-2　　나의 소개

1. 나의 별칭

▶ 본인의 이름

▶ 나의 별칭

▶ 이 별칭의 뜻

---

2. 자신의 성격

(예: 통제적인, 강한 카리스마, 내향적, 외향적, 남의 말을 잘 듣는, 우유부단한, 직선적인, 독단적인, 독선적인, 우울해하는, 신나는, ……)

---

3. 좋아하는 것(음식, 날씨, ……)

---

4. 잘하는 것(음식, 잘하는 잔소리)

---

5. 되고 싶은 것(5년 후, 10년 후 되고 싶은 나의 모습)

---

6. 가족관계

---

7. 자녀와의 관계에서 개선하고 싶은 것(부모교육을 통해 어떤 부모가 되고 싶은가?)

※ 별칭은 동물이나 식물로 표현해 보세요.

※ 가족관계를 다 배제하고 자신에 관해서만 생각하고 말하세요.

활동자료 1-3 한 회기를 마친 소감

한 회기를 마친 소감

2) 제2회기: 자기이해(나는 어떤 모습일까?)

목 표	• 자아 구조와 기능을 이해한다. • 자신의 자아구조를 이해한다. • 자신의 활성화된 자아와 낮은 자아를 비교해 보고 분석할 수 있다.		
단 계	**내 용**	**준비물**	**시 간**
도 입	• 다과를 나누며 반갑게 인사 나누기 • 친밀감 놀이: 종이 찢기 • 제1회기 활동 나누기	- PPT 자료 - 교재	20분
전 개	• CKEO그램 검사 실시 　- CKEO그램 작성방법 설명하기 　　▶ 자아구조 이해하기 　　▶ 자아구조 분석과 자아기능 분석을 통하여 자아 　　　상태를 분석하기 　　▶ 가장 활성화된 자아기능과 낮은 자아기능 분석 　　　하기	- CKEO그램 검사지	80분
	• 교류분석이란 　- 자신, 타인, 환경과의 사이에서 이루어지고 있는 　　교류패턴을 분석하는 것 　- 목적은 자율적 인간, 자율성 회복 　- 목표는 P, A, C를 적절히 기능하고 심리게임에서 　　벗어나며 자율각본으로 바꾸는 것 • 자아상태(자아구조, 자아기능) 이해(세 가지 구조와 　다섯 가지 기능) 　- 세 가지 구조: P, A, C 　- 다섯 가지 기능: CP, NP, A, FC, AC	- PPT 자료 - 교재 - 〈활동자료 2-1〉	
종 결	• 제2회기 정리 및 소감 발표 • 제3회기 활동 안내 　- CK-OK그램(인생태도) • 과제 안내 　- 가계도 그리기, 가족 자아상태 관찰하기		20분
유의사항	• 이론은 핵심만 간단히 설명한다. • 워크숍 활동 중심으로 진행한다.		
기 타	※ 세부내용 혹은 활동자료 첨부		

(1) 준비(20분)

- 다과를 나누며 반갑게 인사를 나눈다.
- 친밀감 놀이로 종이 찢기(다양성 이해하기)를 한다.
    - 나누어진 종이를 지금부터 제가 말하는 대로 접거나 찢어 보세요(지시내용: 한 번 접으세요, 한 번 더 접으세요, 또 한 번 접으세요. 이번에는 한 군데만 찢어 보세요. 그리고 펼쳐 보세요).
    - 펼쳐진 종이를 앞에 놓아 보세요. 다른 사람들과 비교해 보세요.
    - 똑같은 저의 말을 듣고 행동을 했는데 마지막에 나타난 종이의 모양은 어떤가요?
    - 느낀 점을 나누어 봅시다.
    ※ 자신의 마음과 생각에 따라 달라짐을 인식하도록 한다.
- 제1회기 활동을 나눈다.

(2) 활동(80분)

〈진행방법〉

- 강의식, 집단토의식

〈강의내용〉

- ◉ **CKEO그램 검사하기**
- CKEO그램 작성방법 설명하기
- CK-EGO그램
    - CP, NP, A, FC, AC
- CK-OK그램
    - U-, U+, I+, I-
- 자신의 긍정 · 부정상태 나누기
- 자신의 인생태도 계획
※ 검사지에 선입견을 갖지 않도록 강의 전에 미리 검사를 실시한다.

◉ **교류분석 의미와 나의 자아상태 분석(60분)**

• 교류분석이란?

 - 의미: 자신, 타인, 환경과의 사이에서 이루어지고 있는 교류를 분석하는 것

 - 목적: 자율적 인간, 자율성 회복

 - 목표:

  → P, A, C 자아구조의 이해

  → 심리게임에서 벗어나기

  → 자율각본으로 바꾸기

• 자아상태 이해: 세 가지 구조(P, A, C)와 다섯 가지 기능(CP, NP, A, FC, AC)으로 나눈다.

 - 어버이 자아(P): CP/NP(부모와 같은 행동, 가르침)

  → CP(통제적 어버이): 비판적, 지배적, 관용적

  → NP(양육적 어버이): 과보호적, 헌신적, 방임적

 - 어른 자아(A): 현실적인 판단 행동, 이성적, 객관적

  → A(어른 자아): 기계적, 현실적, 즉흥적

 - 어린이 자아(C): FC/AC(감정적인 행동)

  → FC(자유스러운 어린이): 폐쇄적, 개방적, 자기도취적

  → AC(순응적 어린이): 독단적, 의존적, 자기비하적

◉ **나의 자아상태 알아보기**

• CKEO그램 검사 후 강의를 듣고 자아분석을 한다.

• 나의 자아상태 나누기

〈준비물〉

• 교류분석 강의지침서 I. PPT 자료

• CKEO그램 검사용지

• 〈활동자료 2-1〉

(3) 마무리(20분)

〈진행방법〉

- 집단토의식

〈강의내용〉

- 제2회기 정리 및 소감을 발표한다.
- 제3회기 활동을 안내한다.
  - 자기분석(CK-OK그램)
- 과제를 안내한다.
  - 가계도 그리기, 가족 자아상태 관찰하기

활동자료 2-1　　**좋은 부모가 되기 위한 실천과제**

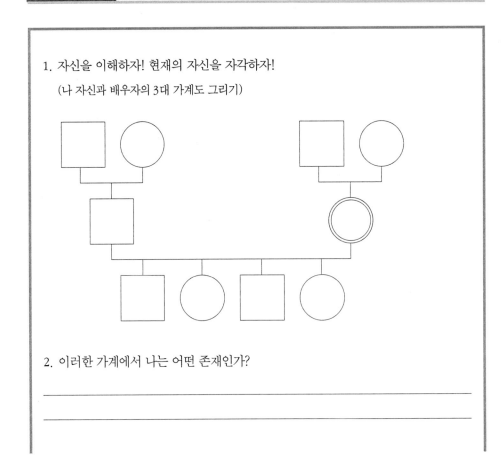

1. 자신을 이해하자! 현재의 자신을 자각하자!

   (나 자신과 배우자의 3대 가계도 그리기)

2. 이러한 가계에서 나는 어떤 존재인가?

   _____

   _____

3. 내가 채택한 역할이나 관계방식은 어떤 방식인가?

_____

_____

4. 가족 자아상태 관찰하기

3) 제3회기: 자기이해(나를 이해하기)

목 표	• CK-EGO그램 검사를 통해 자신을 이해한다. • 자신의 사고방식과 태도의 패턴을 이해한다 • 자기긍정-타인긍정 인생태도로 변화할 수 있도록 한다.		
단 계	내 용	준비물	시 간
도 입	• 다과를 나누며 반갑게 인사 나누기 • 어항그림 　- 어항 속의 물고기 가족을 이야기하며 자신의 가족 　　관계 인식해 보기 • 제2회기 과제 나누기	- 과제물 - 교재	30분
전 개	• 인생태도 분석 　- 타인부정(U-), 타인긍정(U+) 　- 자기긍정(I+), 자기부정(I-)	- PPT 자료 - CKEO그램 검사용지	25분
	• 나의 인생태도 탐색을 위한 CK-OK그램 분석 　- 자신의 자타 긍·부정 상태 나누기 　- 자신의 인생태도 계획	- CKEO그램 검사용지 - 교재	
	• 직관 CK-EGO그램 작성하기 　- CKEO그램의 유형에 대해 그래프별로 설명하기 　- CKEO그램을 분석하여 자신의 상태를 발표하기 • 각각의 자아상태 활성화 방법을 알아보고 나누기	- PPT 자료 - 교재	45분

종 결	• 제3회기 정리 및 소감 발표
	• 제4회기 안내
	  - 자녀의 교류패턴
	• 과제 안내
	  - 성격 균형을 위한 실천사항
		20분

유의사항	• 이론은 간단히 설명하고, 나누기 중심 활동으로 진행한다.	
기 타	※세부내용 혹은 활동자료 첨부	

(1) 준비(30분)

- 어항그림 놀이를 한다.
  - (어항그림 나누어 주고) 나누어 준 종이에 무슨 그림이 있나요? 이 어항 속에는 물고기 가족이 살고 있는 모습을 그려 보세요. 다 그렸으면 그린 것들이 물고기 가족 중 누구인지 써 보시고 그린 순서대로 번호를 매겨 보세요.
  - 어항 속의 물고기 가족 그림을 보며 물고기 간의 거리, 모양, 굵기, 느낌을 이야기 나눈다(왜 여기에 그렸나요, 전체적으로 어항 속의 분위기는 어떻게 느껴지나요 등 그림과 관련된 질문을 하며 물고기 가족 간의 관계를 살펴보도록 한다).
  - ※ 어항 속의 물고기 가족을 이야기하며 자신의 가족관계를 인식해 보도록 한다.
- 제2회기 교육을 간단히 요약하여 설명한다.
- 과제를 간단하게 나누게 한다.
- 제3회기 교육내용 및 진행방식에 대해 소개한다.

(2) 활동(70분)

〈진행방법〉
- 강의식, 집단토의식

〈강의내용〉
- 인생태도 강의
  - 타인부정(U-), 타인긍정(U+)

- 자기긍정(I+), 자기부정(I-)
- 나의 인생태도 탐색을 위한 CK-OK그램 분석
  - 나의 자타 긍 · 부정 상태 나누기
  - 나의 인생태도 계획
- 직관 CK-EGO그램 작성하기
  - CKEO그램의 유형에 대해 그래프별로 설명하기
  - CKEO그램을 분석하여 자신의 상태를 발표하기
  ※ CKEO그램 검사와 직관 CKEO그램을 비교하며 자아상태를 분석해 본다.
- 각각의 자아상태 활성화 방법을 알아보고 나누기

〈준비물〉
- 교류분석 강의지침서 II. PPT 자료
- CKEO그램 검사용지
- 〈활동자료 3-1〉

(3) 마무리(20분)

〈진행방법〉
- 집단토의식

〈강의내용〉
- 제3회기 정리 및 소감을 발표한다.
- 제4회기 활동을 안내한다.
  - 자녀의 교류패턴
- 과제를 안내한다.
  - 성격 균형을 위한 실천사항
- 과제를 부여한다.

활동자료 3-1   **좋은 부모가 되기 위한 실천과제**

계약: 자신의 성격 균형을 위해 나는 다섯 가지 자아상태 기능 중 (   )를 높이기 위해 다음을 실천하겠다.

✽ 실천사항 ✽

4) 제4회기: 자녀이해(자녀와 마음 통하기)

목 표	• 세 가지 교류패턴을 이해할 수 있다. • 자신과 타인의 의사소통 교류패턴을 분석할 수 있다. • 교류패턴을 통한 자녀와의 대화방법을 분석할 수 있다.		
단 계	**내 용**	**준비물**	**시 간**
도 입	• 다과를 나누며 반갑게 인사 나누기 • 친밀감 놀이: 똑같이 그려요 - 자신의 생각과 느낌에 따라 받아들이는 것이 다름을 인식하고 정확하게 교류하려면 어떻게 해야 할지 생각해 보세요. • 제3회기 과제 나누기	- 〈활동자료 4-1〉	30분

전 개	• 교류패턴(상보교류, 교차교류, 이면교류) 설명하기
	  - 각 교류의 느낌에 대해서 나눈다.
	  - 자녀가 그렇게 말할 때 내 기분은? 자녀의 기분은 어떨까요?
	  - 왜 마음과 다르게 말하게 될까요?
	  - 나는 어떤 형태로 자녀와 교류를 하고 있는가?
		- PPT 자료
		- 교재
			70분

	• 교류패턴 연습하기
	  - 각자 자신과 가족의 교류패턴 이야기하기
	  - 과녁 맞히기를 활용한 대화법 연습하기		

종 결	• 제4회기 정리 및 소감 발표 • 제5회기 활동 안내 • 과제 안내 - 일상에서 자녀와 과녁 맞히기를 활용한 대화의 예를 적어 오기		20분
유의사항	• 이론은 간단히, 나누기를 중심으로 활동한다. • 적극적으로 참여할 수 있도록 분위기를 조성한다.		
기 타	※ 세부내용 혹은 활동자료 첨부		

(1) 준비(30분)

- 친밀감 놀이로 '똑같이 그려요'를 한다.
  - (도형이 그려진 그림을 나누어 주고) 둘씩 짝을 지어 등을 대고 상대방이 설명하는 이야기를 들으며 설명한 내용의 그림을 그려 보세요.
  - 다 그린 후 그림을 비교해 보세요.
  - 다른 점을 찾아보고 왜 다르게 되었는지 이야기를 나누어 보세요.
  ※ 자신의 생각과 느낌에 따라 받아들이는 것이 다름을 인식하고 정확하게 교류하려면 어떻게 해야 할지 생각해 볼 수 있게 한다.
- 제3회기 교육을 간단히 요약하여 설명한다.
- 과제 나누기를 한다.
- 제4회기 교육내용 및 진행방식에 대해 소개한다.

(2) 활동(70분)

〈진행방법〉

- 강의식, 게임, 집단토의식

〈강의내용〉

- 교류패턴: 일상생활 속에서 주고받은 말, 태도, 행동을 분석하는 것이다.
  - 상보교류: 보내진 메시지에 예상대로 반응이 돌아오는 것, 바람직한 교류다.
  - 교차교류: 예상외의 수신자 반응으로, 대화 단절, 싸움이 되는 교류, 뒤틀린 관계가 원인이 되는 교류패턴이다.
  - 이면교류: 숨겨진 의도를 지닌 메시지, 2개 이상의 자아를 동시에 포함하고 있다.
- 과녁 맞히기를 통한 대화법 연습하기
  - 상대방의 감정 읽기
  - 공감하기
  - 문제해결 정보
- 대화관계를 개선하려면
  - 대화는 상보교류에서 시작해서 상보교류로 끝나는 것이 바람직하다.

　　- 말하는 것을 잘 경청해야 한다.

　　- 말을 솔직하게 수용하고 솔직하게 되돌려 준다.

　　- 우선 타인의 말을 긍정한다(OK-OK 감정에서).

　　- 타인의 말을 반복해 본다.

　　- P(어버이 자아)와 C(어린이 자아)에서 상보교류는 서두르지 말고 음미해 본다.

　　- 대화는 원칙적으로 교차교류를 하지 않는다.

　　- 평상시에 교차교류를 어떻게 하고 있는지 반성해 본다.

　　- 생산성 없는 상보교류가 계속될 때 교차교류를 해야 한다.

　　- 타인의 입장이나 최종 결과를 생각해서 필요할 때는 교차교류를 해야 한다.

　　- 타인과의 대화를 원만하게 계속하려면 숨겨진 의도를 알아야 할 때도 있다.

　　- 커뮤니케이션 능력을 향상하려면 이면교류는 단절되어야 한다.

　　- 이면교류는 부정 교류가 많아져서 타인과의 관계를 악화시킬 경우가 많다.

• 대화양식의 형태를 자녀와의 사례를 나누며 무슨 교류인지 알아본다.

• 각 교류의 느낌에 대해서 나눈다.

• 자녀가 그렇게 말할 때 내 기분은? 자녀의 기분은 어떨까요?

• 왜 마음과 다르게 말하게 될까요?

• 나는 어떤 형태로 자녀와 교류를 하고 있는가?

• 자녀와의 관계에서 상보교류를 성장시킬 수 있는 방법은 어떤 것이 있을까요?

〈준비물〉

• 교류분석 강의지침서 I. PPT 자료

• 〈활동자료 4-1〉

(3) 마무리(20분)

• 제4회기 정리 및 소감을 발표한다.

• 제5회기 활동을 안내한다.

　　- 인정자극 경제법칙 타파하기

• 과제를 안내한다.

　　- 일상에서 자녀와 과녁 맞히기를 활용한 대화의 예를 적어 오기

활동자료 4-1　　좋은 부모가 되기 위한 실천과제

계약: 자신의 의사교류 유형을 상보교류로 바꾸겠다.

✽ 실천사항 ✽

✽ 과제 ✽

- 일상에서 자녀와 과녁 맞히기를 활용한 대화의 예를 적어 보세요.

5) 제5회기: 자녀와의 관계이해(자녀의 생각과 마음은?)

목 표	• 인정자극을 통해 자녀를 이해할 수 있다. • 인정자극의 올바른 활용방법을 이해하고, 적용, 연습한다.		
단 계	내 용	준비물	시 간
도 입	• 다과를 나누며 반갑게 인사 나누기 　- 친밀감 놀이: 풍선 터뜨리기 　- 느낌 나누기 　- 제4회기 과제 나누기	- PPT 자료	30분
전 개	• 인정자극 체크리스트 　- 인정자극의 이론 설명 및 경험 나누기 • 인정자극 경제법칙 타파하기 　- 인정자극 프로파일 • 인정자극과 자녀와의 관계 알아보기 　- 나는 자녀에게 어떤 인정자극을 주는가? 　- 자신의 인정자극에 자녀는 어떻게 반응하는가? 　- 자녀와의 관계와 자신의 인정자극의 문제점 나누기	- 〈활동자료 5-1〉	70분
종 결	• 제5회기 정리 및 소감 발표 • 제6회기 활동 안내 　- 너 때문이 아니야! • 과제를 안내한다. 　- 1일 1회 자녀에게 긍정적 인정자극을 주고 기록하기 　- 1일 1회 자신에게 긍정적 인정자극을 실시하고 기록하기	- 〈활동자료 5-2〉	20분
유의사항	• 이론은 간단히, 나누기 중심 활동을 한다.		
기 타	※ 세부내용 혹은 활동자료 첨부		

(1) 준비(30분)

- 친밀감 놀이로 풍선 터뜨리기를 한다.
  - 나누어 드리는 풍선을 불어서 풍선에다 요즈음 자기를 힘들게 하는 것들을 적어 보세요. 풍선에 적은 것들을 나누어 보세요. 어떤 점이 나를 힘들게 하나요? 나를 힘들게 하는 것이 어떻게 되었으면 좋겠나요?
  - 풍선을 터뜨리며 "○○○야, 없어져라." 외치면서 터뜨려 보세요.
- 느낌 나누기를 한다.
  - 제4회기 교육을 간단히 요약하여 설명하기
  - 과제 나누기
  - 제5회기 교육내용 및 진행방식에 대해 소개하기

(2) 활동(70분)

〈진행방법〉

- 강의식, 집단토의식

〈강의내용〉

◉ 인정자극 체크리스트

인정자극이란 신체접촉, 마음을 주고받는 행위(신체적, 언어적, 긍정적, 부정적, 조건적, 무조건적, 무인정자극)를 뜻한다.

◉ 신체적 인정자극과 언어적 인정자극

- 신체적 인정자극은 안아 주거나, 쓰다듬어 주거나, 등을 토닥거리거나, 손을 잡아 주는 신체적 접촉이다.
- 언어적 인정자극은 칭찬하는 말, 꾸중하는 말이다.

◉ 긍정적 인정자극과 부정적 인정자극

- 긍정적 인정자극은 이해와 평가, 칭찬과 승인, 마음을 주고받는 사랑 행위를 포함하며, 자신과 타인의 의미, 정서, 지성을 갖추게 하고, 긍정적 인정자극은 긍정적 인생태도를 이르게 한다.

- 부정적 인정자극은 상대방의 중대한 문제를 대단치 않은 일로 묵살, 왜곡, 관심 결핍, 잘못된 관심을 포함하고, 부정적 인생태도에 이르게 한다. 무조건 적 자극보다는 나은 상태다.

◉ 조건적 인정자극, 무조건적 인정자극

- 조건적 인정자극은 특별한 행위에 대해 하는 긍정적·부정적 인정자극이다. 장난치는 아이의 손을 때리는 것, 성적이 올라간 경우 칭찬해 주는 것 등이다.
- 무조건적 인정자극은 조건 없이 존재 자체에 대해 인정하는 행위다. 아빠는 너를 좋아해, 더 이상 말하기 싫다, 그만하자 등이다.

◉ 인정자극의 유형별 특징

구 분	신체적	언어적	조건적	무조건적
존재인지 (인간, 인식)	접촉에 의한 직접적 표현	말에 의한 간접적 표현	행위나 태도에 대해서 표현	존재나 인격에 대해서 표현
긍정적 (상대가 기분 좋게 느낀다.)	안아 준다. 손을 잡아 준다. 어깨를 쳐 준다.	칭찬과 격려의 말을 한다.	힘들었을 텐데 지각하지 않으려고 애써 줘서 고마워. 참 잘한 일이야.	내 생애에 너희들을 만난 것이 가장 큰 행운이야.
부정적 (상대가 기분 나쁘게 느낀다.)	때린다. 꼬집는다. 걷어찬다.	겨우 이것밖에 못해, 넌 늘 이런 식이지, 그럼 그렇지.	깨끗이 정리정돈 하지 않으면 안 된다. 그 태도가 뭐야!	우리 말하지 말자. 이 교실에서 나가.

- 인정자극 경제법칙 타파하기
  - 주어야 하는 인정자극이 있어도 그것을 타인에게 주어서는 안 된다.
    - → 주어야 하는 인정자극이 있으면 그것을 타인에게 주라.
  - 원하는 인정자극을 타인에게 요구해서는 안 된다.
    - → 원한다면 인정자극을 타인에게 요구하라.
  - 원하는 인정자극이 와도 받아들여서는 안 된다.
    - → 원하는 인정자극이 오면 받아들이라.

- 원하지 않는 인정자극이 왔을 때는 그것을 거부해서는 안 된다.

  → 원하지 않는 인정자극이 왔을 때는 그것을 거부하라.

- 자기 자신에게 인정자극을 주어서는 안 된다.

  → 자기 자신에게 인정자극을 주라.

〈준비물〉

• 교류분석 설명 PPT 자료

• 〈활동자료 5-1〉

(3) 마무리(20분)

• 제5회기 정리 및 소감을 발표한다.

• 제6회기 활동을 안내한다.

  - 심리게임

• 과제를 안내한다.

  - 1일 1회 자녀에게 긍정적 인정자극을 주고 기록하기

  - 1일 1회 자신에게 긍정적 인정자극을 실시하고 기록하기

활동자료 5-1 **인정자극 패턴 체크리스트**

A에서 E까지의 설문을 읽고 본인의 행동에 해당하는 것에 점수로 표시해 주세요. 이 체크리스트는 자신의 경향을 인식해 볼 수 있는 실마리가 될 것입니다. 따라서 어느 것이 좋고 나쁘다는 기준은 없지만, 일반적으로 긍정적 인정자극을 주고받는 정도가 높을수록 좋다고 할 수 있습니다 (매우 긍정-5, 약간 긍정-4, 보통-3, 약간 부정-2, 매우 부정-1).

A	
• 사람들의 두발, 복장, 신발 등이 바뀐 것을 발견하면 지나치지 않고 표현하는 편이다.	(점)
• 상대방이 인사를 하기 전에 내가 먼저 인사하는 편이다.	(점)
• 사람들이 부탁을 하거나 도움을 청하면 거절하지 않고 잘 도와주는 편이다.	(점)
• 상대방에게 칭찬이나 감사의 표시를 잘하는 편이다.	(점)
• 상대방의 실수나 잘못을 책망하지 않고 관대하게 대하는 편이다.	(점)

B

- 상대의 습관, 행동, 태도에 대해 잘못된 것은 그 자리에서 바로 지적하는 편이다. （　점）
- 작은 실수라도 흐지부지 지나치지 않는 편이다. （　점）
- 상대가 분위기를 흐리거나 잘못을 하면 벌을 주거나 꾸중을 한다. （　점）
- 나를 힘들게 하면 '~ 때문에 못살겠다.'라며 주위에 불평을 토로하는 편이다. （　점）
- 상대방이 잘못을 인정하지 않고 변명을 하면, 말을 가로막고 내 생각을 이야기하는 편이다. （　점）

C

- 사람들이 환하게 웃는 얼굴로 인사를 하거나 가벼운 장난도 나에게 잘하는 편이다. （　점）
- 가족, 친척, 이웃, 친구 등 주변 사람들로부터 고맙다거나 위로를 받는 일이 비교적 많다. （　점）
- 일의 달성 여부에 상관없이 과정이나 노력을 인정하며 격려해 주는 사람이 있다. （　점）
- 가족이나 뜻밖의 사람으로부터 생일카드나 편지를 받아 기뻐하는 일이 가끔 있다. （　점）
- 매우 곤란한 문제에 직면했을 때 마음을 터놓고 상의할 수 있는 사람이 주변에 있다. （　점）

D

- 학업성취와 성적에 대한 부담감이나 심리적 압박감을 느끼는 때가 있다. （　점）
- 다른 사람의 부당한 항의로 인해 억울한 감정이 드는 경우가 간혹 있는 편이다. （　점）
- 주위에 비교적 신경질적인 사람이 있어 악의는 없지만 당신을 비판하거나 엄히 책망하는 일이 간혹 있는 편이다. （　점）
- 사람들의 버릇없는 말이나 행동으로 인해 기분이 상하는 경우가 종종 있다. （　점）
- 우리 가족은 다른 가족에 비해 서로가 너무 엄격하다고 느끼는 경우가 많다. （　점）

E

- 사람들과의 대화가 적으며 개별적인 교제는 선뜻 내켜 하지 않는 편이다. （　점）
- 길을 가는데 반대편에서 아는 사람이 오는 것을 보았다. 아는 체하기 귀찮아서 딴 곳을 보거나 길을 돌아가더라도 접촉을 피하고 싶은 경우가 있다. （　점）
- 사람들과 얘기를 나누다 다른 생각에 잠겨 아이가 재차 말을 하고서야 제정신을 차리는 경우가 간혹 있다. （　점）
- 간혹 모든 것을 다 접어 두고 무인도로 가서 쉬고 싶다는 생각이 든다. （　점）
- 사정이 생겨 점심식사를 혼자 하게 된 경우 편안함을 느낀다. （　점）

인정자극 프로파일

각 그룹의 득점을 합계하여 다음 도표에 막대그래프로 표시하십시오.

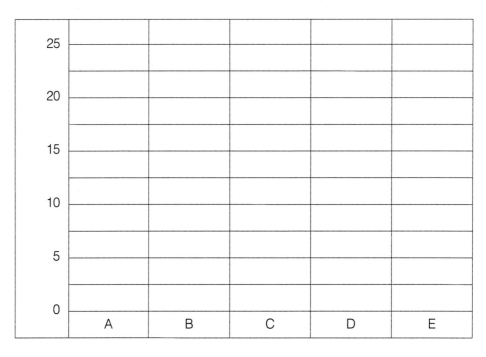

※ 점수 계산법

A: 상대방에게 주는 긍정성　　　B: 상대방에게 주는 부정성

C: 상대방으로부터 받는 긍정성　D: 상대방으로부터 받는 부정성

E: 무자극

A 점수가 B 점수의 2배, C 점수가 D 점수의 2배이면 바람직한 인정자극 교류가 이루어진다고 볼 수 있다. 무자극 점수(E)는 5점 이하면 적당하다.

활동자료 5-2	좋은 부모가 되기 위한 실천과제

계약: 나는 나 자신에게 허용을 주겠다. 인정자극 경제법칙에 묶여 있는 자신의 법칙을 벗어나도 좋다는 허용을 주기로 하겠다.

✽ **실천사항** ✽

✽ **과제** ✽

-1일 1회 자녀에게 긍정적 인정자극을 주고 기록하기
-1일 1회 자신에게 긍정적 인정자극을 실시하고 기록하기

6) 제6회기: 자녀와의 관계이해(너 때문이 아니야!)

단 계	내 용	준비물	시 간
목 표	• 심리게임의 의미를 이해한다. • 자녀와의 관계에서 반복적이고 부정적인 행동을 분석할 수 있다. • 심리게임에 대처하고 중단할 수 있도록 한다. • 효율적인 자녀와의 관계를 탐색한다.		
도 입	• 다과를 나누며 반갑게 인사 나누기 • 제5회기 과제 나누기	- 다과	30분

전 개	• 심리게임에 대해 설명하기(활동자료)
	  - 드라마 삼각형(박해자, 구원자, 희생자)
	  - 심리게임 중단방법
	• 자녀와의 관계에서 심리게임의 이해
	• 일상에서 반복적이고 되풀이되는 심리게임에 대하여 적어 보고 그에 대한 사례를 나누기
		- 〈활동자료 6-1〉	75분

종 결	• 제6회기 정리 및 소감 나누기 • 제7회기 안내		20분
유의사항	• 일상에서 자녀들과 반복되는 게임을 서로 나눌 때 공감할 수 있는 분위기를 조성한다. • 부모가 게임을 먼저 시작하는 시점을 인식할 수 있도록 한다.		
기 타	※ 활동자료 첨부		

(1) 준비(30분)

• 제5회기 교육을 간단히 요약하여 설명한다.

• 과제 나누기를 한다.

• 제6회기 교육내용 및 진행방식에 대해 소개한다.

(2) 활동(75분)

〈진행방법〉

- 강의식, 집단토의식

〈강의내용〉

- 심리게임이란: 명료하고 예측 가능한 결과를 향해 진행 중인 일련의 상보적·이면적인 교류로, 숨겨진 동기를 수반하고 올가미나 속임수를 품은 일련의 홍정으로 자주 반복하는 위장된 감정의 교류다.
- 심리게임 분석의 목적: 심리게임을 알고, 비건설적인 심리게임을 단절하여 자율적인 인간이 되는 것이다.
- 심리게임으로 인해 초래되는 만성적 부정감정: 노여움, 공포, 열등감, 우울, 안달, 초조, 안절부절, 우월감, 피로감, 절망감, 허무감, 버려진 기분, 혼란, 자기비하, 상심, 적대의식, 낙담, 비애, 연민, 응석 부리고 싶은 기분, 불안, 걱정, 무력감, 부정감, 분노, 긴장감, 혐오감, 투쟁심, 완고, 옹고집, 한(恨), 시기심, 고독감, 짜증, 동정, 연모, 의무감, 패배감 등
- 드라마 삼각형이란: 심리게임과 연극 사이에 유사점이 있다고 보고 심리게임을 이해하는 근거로 삼기 위해 고안했다.
- 세 가지 각본 역할
  - 박해자: 상대방을 억압하거나 지시하며 무시해도 좋을 사람으로 취급한다. (주로 CP 기능)
  - 희생자: 자신을 무시하고, 배척받고 하찮은 존재로 취급받아 마땅한 존재다. (주로 AC 기능)
  - 구원자: 우위의 입장에서 구원하거나 지지하고, 박해자와 희생자를 화해시키거나 관대한 태도를 취한다. (주로 NP 기능)
- 심리게임을 하는 이유
  - 애정이나 인정자극을 얻기 위한 수단이다.
  - 시간을 구조화하는 방법의 하나다.
  - 각자 신뢰하고 있는 기본적 감정(라켓)을 정당화하기 위해 연출한다.
  - 자신이 믿고 있는 인생태도를 반복·확인하기 위해서도 심리게임을 연출

한다.

- 자신, 타인, 삶의 질에 관한 믿음으로 자신의 각본 신념을 강화한다.
- 공생을 정당화시키기 위해 과장된 신념을 유지하는 데 사용한다.
- 라켓티어링을 하다가 더 이상 인정자극을 받지 못 할 경우에 사용한다.

- 자녀와의 일상에서 매일 반복되는 사례를 이야기하면서 누가 먼저 심리게임을 시작하는지 함께 나눈다.

〈준비물〉

- 교류분석 강의지침서 Ⅱ. PPT 자료
- 〈활동자료 6-1〉
- 다과

(3) 마무리(15분)

- 제6회기 정리 및 소감을 발표한다.
- 제7회기 활동을 안내한다.

활동자료 6-1	좋은 부모가 되기 위한 실천과제

---

1. 게임 계획 질문기법을 사용하여 자신의 게임을 찾아보자.

① 자녀와의 관계에서 나에게는 어떤 일이 반복적으로 일어나는가?

② 그것은 어떻게 시작되는가?

③ 그다음에는 무엇이 일어나는가?

④ 자녀에게 보내는 비밀 메시지는 무엇인가(비밀 질문)?

⑤ 그러고 나서 그다음에는?

⑥ 자녀가 나에게 보내는 비밀 메시지는 무엇인가(비밀 질문)?

⑦ 어떻게 끝나는가?

⑧ 어떤 감정이 드는가?

⑨ 자녀는 어떤 감정을 느낀다고 생각되는가?

※ 자신이 주로 한 게임:

2. 자녀와의 관계 속에서 당신이 주로 하는 심리게임 중 드라마 삼각형의 기본 역할 은? 그 이유는?

3. 당신이 자녀에게 주로 많이 하는 심리게임 역할 중, 박해자, 구원자, 희생자의 역 할을 했던 사례와 느낌 그리고 개선점에 대해 작성해 보자.

심리게임	사 례	느낌 및 개선점
박해자		
구원자		
희생자		

7) 제7회기: 자녀와의 관계이해(감정표현은 멋지게)

단 계	내 용	준비물	시 간
목 표	• 인생각본의 의미와 유형을 이해한다. • 인생각본분석을 통하여 자녀의 감정을 이해한다. • 인생각본분석을 통해 자신의 감정표현을 할 수 있다.		
도 입	• 다과를 나누며 반갑게 인사 나누기 • 신뢰감 놀이: 등 대고 이동하기 • 제6회기 활동 나누기	- 다과	20분

전 개	• 인생각본 설명하기(드라이버 체크리스트)
	  - 자신의 어린 시절 경험과 많이 들었던 이야기 등을 나누기
	  - 금지령이 자녀에게 미치는 영향에 대해 설명하기
	  - 축소각본(5개 드라이버)을 통하여 감정 알아보기
	• 자신의 감정을 통제하기 힘든 이유를 탐색하기
	• 자녀에게 감정표현하기
		- 〈활동자료 7-1〉	80분

종 결	• 제7회기 정리 및 소감 발표하기 • 과제 안내 - 자녀에게 편지쓰기 또는 스마트폰으로 영상 찍기 • 제8회기 안내		20분
유의사항	• 자신의 어린 시절 부모의 양육 태도를 생각해 볼 수 있도록 한다. • 자신의 축소각본으로 자녀를 조정하지 않았는지 자각할 수 있도록 한다. • 집단에서 일어나는 모든 반응과 행동에 대해 긍정적인 피드백을 해 준다.		
기 타	※ 활동자료 첨부		

(1) 준비(20분)

• 신뢰감 놀이로 등 대고 이동하기를 한다.

  - 둘씩 짝지어서 등을 대고 선 후 가위바위보를 하세요. 두 사람의 등을 꼭 붙인 채 이동을 하는데 진 사람은 눈을 감고 이긴 사람이 움직이는 대로 이동하세요. 절대 등이 떨어지면 안 되며 손을 잡거나 말해서도 안 됩니다.

- 바꾸어 해 보세요.
- 느낌 나누기(왜 잘 안 되었을까? 잘된 이유는? 따라가는 사람의 느낌은? 이끌어 가는 사람의 느낌은? 상대방이 잘 따라올 때 느낌은? 안 올 때 느낌은?)

※ 서로의 마음을 이해하는 과정과 느낌을 인식하도록 한다.

- 제5회기 교육을 간단히 요약하여 설명한다.
- 제6회기 교육내용 및 진행방식에 대해 소개한다.

(2) 활동(80분)

〈진행방법〉

- 강의식, 집단토의식, 집단체험

〈강의내용〉

◎ **인생각본이란**

인생각본은 어린 시절에 만들어지고 부모에 의해 강화되며 후속 사건에 의해 정당화되어 양자택일의 순간 절정에 달하게 되는 무의식적 인생계획을 말한다.

◎ **인생은 같은 것을 반복**

- 때와 장소만 다를 뿐 인생의 대부분 같은 것을 반복한다.
- 인생각본 형성과정을 알고 불필요한 인생각본(생활양식)에서 탈출한다.

◎ **축소각본**(miniscript)

드라이버 행동으로 시작되며, 짧은 시간에 일어나는 일련의 행동패턴이며 인생 각본을 강화시킨다.

- 몰이꾼(Driver) → ~하는 한 OK, 무감정
- 제지꾼(Stopper) → I−, U+, 죄의식, 근심
- 비난꾼(Blamer) → I+, U−, 네 탓, 비난, 의기양양한
- 낙담꾼(Despairer) → I−, U−, 무가치한, 무익한

◉ **축소각본에서 벗어나기**

• 자신의 생각이나 감정과 상대방의 생각이나 감정을 구별한다.

• 상대방의 기대가 무거운 짐이라면 그 후부터 자유로이 해도 좋다고 자기 자신에게 허가(permission)를 부여한다.

• 부적절한 몰이꾼에게는 따르지 않는다고 결의하고 일상생활에서 실천한다.

◉ **드라이버와 허가(허용)**

• 완전하게 하라. → 당신은 있는 그대로 충분하다.

• 다른 사람을 기쁘게 하라. → 먼저 너 자신을 기쁘게 하라.

• 강해지라. → 자신이 원하는 것을 개방적으로 표현하라.

• 열심히 노력하라. → 그냥 하라.

• 서두르라. → 여유를 가지고 하라.

※ 자신의 축소각본에 의해 자녀에게 행동을 강요한 부분에 대해서 나누도록 한다.

※ 지금 현재 자녀와 갈등하고 있는 사례를 가지고 집단원과 피드백을 주고받으며 서로 나눈다.

〈준비물〉

• 교류분석 설명 PPT 자료

• 〈활동자료 7-1〉

• 다과

(3) 마무리(20분)

• 제7회기 정리 및 소감을 발표한다.

• 과제를 안내한다.

  - 자녀에게 편지쓰기 또는 휴대전화로 동영상 찍기

• 제8회기 활동을 안내한다.

| 활동자료 7-1 | 드라이버 체크리스트 |

우리는 일상생활에서 뭔가에 몰아세워지듯이 일정한 패턴으로 행동하는 경우가 있다. 그 원인이 된 충동의 정체를 확실히 알기 위한 체크리스트가 인생각본을 몰아세우는 드라이버 체크리스트다.

다음 문장을 읽고 자신의 평소 행동에 언제나 해당되는 것은 5, 자주 해당되는 것은 4, 보통인 것은 3, 약간 해당되지 않는 것은 2, 거의 해당되지 않는 것은 1을 써라.

1. 회의 중 '나의 생각으로는……'이라고 자신의 의견을 확실히 말하거나 그러고 싶은 충동을 느낀다.
2. 이야기할 때 어깨 등의 근육 부분이 긴장된다.
3. 이야기할 때 요점을 지적하거나 다소 지나친 제스처를 쓰면서 한다.
4. 무엇을 해도 '이것으로 충분할까?' 하는 불안이 있으며, 좀 더 신경 쓰기 위해 뭔가 해 두고 싶은 충동을 느낀다.
5. 여기서 중지했으면 하고 생각하면서도 바로 한마디로 말해 쓸데없는 것을 말해 버리고 만다.

A 1~5번의 득점 소계 (   )점

6. 대화 때에 '될 수 있는 한 해 본다.' '해 보기는 하지만……' 등 책임을 얼버무리는 표현이 많다.
7. 질문에 정통으로 찌르며 답하지 못하고, 어딘가 시원하고 말씨가 분명하지 못한 응답방식, 즉 간접적인 대답방식을 한다.
8. 다른 사람과 이야기할 때 앞으로 넘어질 듯한 자세로 이야기를 열심히 들으려고 한다.
9. 무슨 일에 대해서나 노력하지 않으면 노력이라도 하고 있으면 무언가 된다고 자신에게 타이른다.
10. 이야기할 때 어깨 등의 근육 부분과 위장 등의 체내의 양쪽에 긴장감이 있다.

B 6~10번의 득점 소계 (   )점

11. 이야기를 하고 있을 때 '네, 그렇지요.'와 같이 동의를 구하는 말, '그것으로 좋지 않을까?'와 같이 상대의 기분을 망치는 말이 많다.

12. 이야기할 때 등 위쪽 몸 깊숙한 곳에 긴장감을 느끼지만 어깨 근육 등은 그다지 경직되지 않는다.

13. 어떤 일에서나 다른 사람을 충분히 만족시키고 있지만 '나는 아직 배려가 충분치 않은 것을 아닐까?' 하고 자신에게 타이른다.

14. 여러 사람 앞에서 나서면 안 되는 것처럼 느껴진다. 눈에 띄는 행위는 어쨌든 하고 싶지 않다.

15. 이야기를 할 때 다른 사람들과 비교하여 고개를 끄덕이는 횟수가 많다.

C 11~15의 득점 소계 (   )점

16. 이야기를 할 때 다른 사람이 말을 끝내기 전에 차단하듯이 이야기하고 만다.

17. 다른 사람과 비교하여 모든 동작이 부산(성급)하다.

18. '무엇을 하고 있어도 시간 내에 끝낼 수 없을 것이다. 그렇게 되면 큰일이다.'라는 불안이 있다.

19. 무릎을 사납게 떨고, 손가락으로 책상을 두드리는 등 몸의 일부를 조금씩 반복하여 움직이는 버릇이 있다.

20. 회의 중 '자, 하자!' '서둘러!' 등과 재촉하는 말이 많다.

D 16~20의 득점 소계 (   )점

21. 다른 사람과 비교하여 볼 때 모든 동작이 어색하며 딱딱하다.

22. 이야기를 할 때 감정표현이 없고, '특별히 아무것도 아니야.' 등 감정을 억압하는 듯한 말이 잘 사용된다.

23. 마음속에서 자신의 약점은 절대로 다른 사람에게 보이지 않는다고 타이르는 경우가 많다.

24. 이야기하는 말소리 상태에 억양이 없고 단조롭고 기계적이다.

25. 팔짱을 끼거나 의자에 앉을 때 다리 꼬는 것을 좋아한다.

E 21~25의 득점 소계 (   ) 점

채점방법

A, B, C, D, E의 각 그룹의 득점을 다음 그래프에 기입하라. 이것이 당신의 드라이버 각각의 정도다.

A 완전하게 하라. (　)점

B 열심히 노력하라. (　)점

C 다른 사람을 기쁘게 하라. (　)점

D 서두르라. (　)점

E 강해지라. (　)점

8) 제8회기: 부모로서의 재결단

목 표	• 전체 프로그램에 대한 내용을 정리한다. • 부모로서 재결단 내리기를 할 수 있다. • 자녀에게 쓴 편지를 발표한다. • 사후검사		
단 계	**내 용**	**준비물**	**시 간**
도 입	• 분위기 조성 • 제7회기 정리 • 과제 점검 • 제8회기 프로그램 목표 및 활동 소개	- 다과	15분

전 개	• 자녀에게 쓴 편지 발표하기 • 좋은 부모가 되려면 어떻게 해야 하는지 나누기 　- 내가 좋아하고, 되고 싶은 부모 특성 다섯 가지 　- 내가 싫어하고, 되고 싶지 않은 부모 특성 다섯 　　가지 • 프로그램 과정 중 나와 자녀의 변화 살펴보기 　- 프로그램 실시 중 가장 많이 변화된 것은? 　- 가장 도움이 되었던 것은? 　- 처음 목표했던 것에 얼마만큼 도달했나? 지금 나 　　의 점수는? 　- 이야기 나누기	-〈활동자료 8-1〉	90분
종 결	• 서로의 격려 및 재결단 다짐 나누기 　- 둥그렇게 서서 손을 잡고 한 사람씩 가운데 서면 　　해 주고 싶은 말을 해 주고 격려한다. 　- '나는 자녀에게 좋은 부모가 되도록 노력하겠습니 　　다.' 등 자기가 하고 싶은 말을 한 문장으로 씩씩 　　하게 말해 보세요. 　- 주위에 계신 어머님들은 'OOO은 자녀의 성장을 　　돕는 유능한 부모입니다.'라고 말하며 박수를 쳐 　　주세요. • 프로그램을 마치면서 작성하기		15분
유의사항	• 역동이 일어날 때 서로 피드백과 격려를 해 줄 수 있게 한다.		
기 타	※ 활동자료 첨부		

(1) 준비(20분)

- 제6회기 교육을 간단히 요약하여 설명한다.
- 과제를 점검한다.
- 제7회기 교육내용 및 진행방식에 대해 소개한다.

(2) 활동(80분)

〈진행방법〉

- 강의식, 집단토의식, 집단체험

〈강의내용〉

- 제7회기 과제인 자녀에게 편지 쓰기나 동영상 찍은 것을 발표한다.
- 〈활동자료 8-1〉을 작성한다.
- 되고 싶은 부모, 되고 싶지 않은 부모를 발표를 하고 자신은 어느 쪽에 가까운지 발표를 한다.
- 서로 좋은 부모가 되기 위해 재결단을 나누고, 그에 대한 피드백을 해 준다.
  - 동그랗게 서서 손을 잡고 한 사람씩 가운데 서면 해 주고 싶은 말을 해 주고 격려한다.
  - '나는 자녀에게 좋은 부모가 되도록 노력하겠습니다.' 등 자기가 하고 싶은 말을 한 문장으로 씩씩하게 말해 보세요.
  - 주위에 계신 집단원은 '당신은 유능한 부모입니다.'라고 말하며 박수를 쳐 주세요.

〈준비물〉

- 교류분석 강의지침서 II. PPT 자료
- 〈활동자료 8-1〉
- 다과

(3) 마무리(20분)

- 제8회기 정리 및 소감을 발표한다.
- 전체 프로그램 과정 중 나와 자녀의 변화를 살펴본다.
  - 프로그램 실시 중 가장 많이 변화된 것은? 지금 나의 부모 역할 상태의 점수는?
  - 가장 도움이 되었던 것(느낀 점)은?
  - 프로그램에서 가장 인상 깊었던 것은?
- ※ 부모 자신의 행동 변화가 자녀의 변화를 가져온다는 것을 인식하도록 한다.

활동자료 8-1	프로그램을 마치면서: 좋은 부모가 되기 위한 실천과제

✽ **프로그램을 마치면서(성명:)**

1. 프로그램 과정을 마치면서 느낀 점을 구체적으로 적어 봅시다.

_____

_____

_____

_____

2. 프로그램을 통하여 변화된 나의 모습을 구체적으로 적어 봅시다.

_____

_____

_____

_____

3. 프로그램 과정에서 가장 인상 깊었던 점은 무엇입니까?

_____

_____

_____

_____

4. 프로그램 과정에서 가장 아쉬웠던 점은 무엇입니까?

_____

_____

_____

_____

참고문헌

우재현(1989). 교류분석 프로그램. 경북: 정암서원.

우재현(1995). 임상교류분석 프로그램. 경북: 정암서원.

이훈구(2002). 부모역할 훈련. 서울: 양철북.

정옥분, 정순화(2008). 부모교육. 서울: 학지사.

최영일(2011). TA이론의 실제와 자기분석. 광주: 꿈꾸는 씨앗.

최영일(2012). 교류분석 강의지침서 I. II. 광주: 꿈꾸는 씨앗.

최영일(2013). CKEO그램 성격검사지, 해설지. 한국이고오케이그램연구소

한국교류분석상담협회 〈교사 집단상담 PG 연구위원: 주민경, 한윤옥〉

제3장	'줄탁동기' 교사교육 프로그램

1. 프로그램의 필요성과 의의

현대사회는 가정의 기능이 많이 축소되고 있는 추세다. 아이들은 일찍부터 다양한 기관에 속하여 공식적인 교육을 받게 된다. 또한 가정에 있는 시간보다 교육기관에서 생활하는 시간의 비중이 매우 높다. 이는 부모와 지내는 시간보다 교육기관에 근무하는 교사와 또래와 지내는 시간이 많다는 뜻이다. 인간은 함께 생활하는 사람과 어떻게 관계를 맺는가에 따라 자신의 인생태도를 형성하게 된다. 교사란 넓게는 가르치거나 지도하는 것을 직업으로 하는 사람을 일반적으로 말하는데, 사회 통념적으로는 학교교육에 있어서 교직에 종사하는 사람을 말한다. 아이들은 특히 교사의 영향을 절대적으로 받을 수밖에 없기 때문에 교사 스스로 자율적 인간으로 자신을 이해하고 존중하며 타인을 이해하려는 긍정적인 인생태도를 가질 필요가 있다.

교류분석은 인생에 있어서 주도적 역할을 하고 있는 자신의 근본적인 자기변혁에 초점을 맞추고 있다. 첫째, 자신이 어떤 사람인가 스스로 자각하게 하고 더 나은 방향으로 변화할 수 있다는 믿음이다. 둘째, 자신의 교류패턴을 분석하여 바람직한 의사소통 방법을 탐색하여 적용하도록 훈련한다. 셋째, 인간관계에서 학생들에게 어떠한 인정자극이 심리적 성장에 도움을 주는지 파악해 보고 적용하는 힘을 기르도록 돕는다.

이러한 교류분석 프로그램은 교사들의 자기변혁을 통하여 가르치는 학생들과 바람직한 인간관계를 형성하고 심성을 개발하도록 돕는다는 점에서 현 시대에 꼭 필요한 프로그램일 것이다. 이와 같은 필요성과 의의에 따라 프로그램의 개요를 간단히 기술하면 다음과 같다.

1) 프로그램 목적

교류분석 프로그램은 교사가 자신과 타인을 이해하고, 자율성을 회복하여 긍정적인 인간관계를 형성하는 것이다. 특히 학생과의 올바른 관계에 대한 대안을 제시하여 건강한 교육문화를 형성하도록 돕는다.

2) 프로그램 목표

- 교사의 효능감과 긍정적인 의사소통 증진을 강화한다.
- 학생에 대한 올바른 이해를 강화한다.
- 건강한 교육문화 형성을 위한 교사의 자질을 강화한다.
- 새로운 교육으로 교육자의 전문성을 강화한다.
- 재교육을 통한 교사의 재충전 기회를 강화한다.

3) 프로그램 운영방법

- 대상: 교사
- 기간: 주 1회, 1회당 시수 2시간, 총 8회, 총 16시간

2. 프로그램의 구성

영역	회기	주제	활동 내용		시간
초기	1	만남	• 자기소개 및 서약서 • 라포 형성 • 프로그램 안내 • 교류분석과 인간관 이해	서약서 작성 CKEO그램 작성	2
	2	나의 이해	• CKEO그램 검사를 통한 자기이해 • 자아상태 촉진행동 작성해 보기	CKEO그램 해석	2
중기	3	소통과 이해	• 교류패턴 설명하기(상보, 교차, 이면) • 학생과 대화법의 문제점 탐색하기 • 세 갈퀴 대화법 역할 연습	교류패턴 (상보/교차/ 이면) 연습	2
	4	마음의 영양물	• 인정자극 분석 • 학생과의 관계에 필요한 인정자극	교류패턴 (상보/교차/ 이면)	2
	5	잃어버린 나를 찾아서	• 자신의 연극대본 • 축소각본과 나의 교육태도 살펴보기	드라이버 체크리스트	2
	6	심리게임을 버리다	• 교환권 수집과 인생게임 • 학생과의 심리게임	교환권	2
	7	나의 비상	• 라켓체계 만들기 • 자기변혁 계획 세우기	라켓 체계표	2
종결	8	손에 손 잡고	• 자기긍정, 타인긍정	인생각본	2

3. 프로그램의 실제

1) 제1회기: 만남

목 표	• 진행자와 참여자 간의 친밀감을 형성한다. • 교류분석의 개념과 인간관에 대해 이해한다. • 전체 프로그램을 이해하고 적극적인 참여의 동기를 갖는다.		
단 계	**내 용**	**준비물**	**시 간**
도 입	• 진행자 소개 • 프로그램 목표 및 진행과정 소개 　- 회기, 시간, 진행방법		15분
전 개	• 마음 열기 및 나의 소개 　- 이름표를 만들어 준비한다. 　- 이름으로 삼행시를 짓는다. 　- 교육관은? 　- 좋아하는 색깔은? 　- 하고 싶은 것은 무엇인가? 　- 당신이 좋아하는 사람은? 　- 소개하기 　- 서약서	- 〈활동자료 1-1〉	90분
종 결	• 교류분석이란? 　- 자신, 타인, 환경과의 사이에서 이루어지고 있는 교류를 분석하는 것 　- 목적은 자율적 인간, 자율성 회복 　- 목표는 P, A, C를 적절히 기능하고 심리게임에서 벗어나며 자율각본으로 바꾸는 것 • CKEO그램 검사지 작성	- PPT 자료, 교재 - CKEO그램 검사지	15분
유의사항	• 워크숍 활동 중심으로 진행한다. • 함께 나누는 가운데 힐링의 시간이 될 수 있도록 한다.		
기 타	※ 세부내용 혹은 활동자료 첨부		

(1) 준비(15분)

- 진행자를 소개한다.
- 이 프로그램의 목적 및 진행과정을 설명한다.

(2) 활동(90분)

〈진행방법〉

- 강의식, 집단토의식

활동 1: 마음 열기 및 나의 소개

- 나의 소개(〈활동자료 1-1〉)내용을 작성하고 소개한다.
  - 이름표를 만들어 준비한다.
  - 이름으로 삼행시를 짓는다(〈활동자료 1-1〉).
  - 교육관은?
  - 좋아하는 색깔은?
  - 하고 싶은 것은 무엇인가?
  - 당신이 좋아하는 사람은?
  - 소개하기
  - 서약서
- 그룹 규모에 따라 전체 혹은 팀별로 소개한다.

활동 2: 교류분석 의미와 나의 자아상태 찾아보기

- 교류분석의 개념
  - 의미: 자신, 타인, 환경과의 사이에서 이루어지고 있는 교류를 분석
  - 목적: 자율적 인간, 자율성 회복

- 목표:

  → P, A, C를 적절히 기능

  → 심리게임에서 벗어남

  → 자율각본으로 바꿈

- 철학:

  → 사람들은 긍정적 존재(OK)다.

  → 사람은 누구나 합리적 사고능력을 갖고 있다(합리성).

  → 자신의 운명을 자신이 결정하고 그 결정을 바꿀 수 있다(변화 가능).

• CKEO그램 검사지 작성하기

(3) 마무리(15분)

• 제1회기 정리 및 소감을 발표한다.

• 제2회기 활동을 안내한다.

  - CKEO그램이란?

활동자료 1-1   당신은 어떤 사람입니까?

• 교육관은?

• 좋아하는 색깔은?

• 하고 싶은 것은 무엇인가?

• 당신이 좋아하는 사람은?

나의 이름으로 멋진 삼행시를 만듭니다.

◯

◯

◯

멋진 나는 _____

_____

나 _____는(은) 교류분석 프로그램에 적극적으로 참여함에 있어서 다음과 같은 사항을 준수할 것을 약속합니다.

- 프로그램에 적극적으로 참여한다.
- 다른 사람의 말을 경청하며 인격을 존중하며 서로를 높여 준다.
- 서로에게 상처가 되는 행동이나 감정적인 표현은 하지 않는다.
- 특별한 사정이 없는 한 결석 없이 집단에 참여한다.
- 프로그램 중 부과되는 과제를 성실히 수행한다.
- 이 시간에 배운 기술은 평소 생활에 적극 활용한다.
- 프로그램 중에 알게 된 다른 사람의 비밀을 철저히 지킨다.

20　　년　　월　　일　　　　　이름　　　　　　(인)

2) 제2회기: 나의 이해

목 표	• CKEO그램을 통해 자기의 겉마음과 속마음을 이해한다. • 자신의 자아기능 분석을 통해 어떤 자아를 촉진해야 하는지 이해하고 목표를 적어 본다.		
단 계	**내 용**	**준비물**	**시 간**
도 입	• 제2회기 교육내용과 진행방식 소개 • 마음 열기	- A4 용지	30분
전 개	• 겉마음과 속마음 　- 성격형성의 시기와 중요성 이해 　- 교사 역할의 중요성 이해 　- 자신의 자아상태를 파악하여 에너지 흐름 이해하기 • 자아상태 촉진행동 작성해 보기 　- 나의 성격에 영향을 준 사람들 탐색하기	- PPT 자료, 교재 - CKEO그램 검사지 해석 -〈활동자료 2-1〉	70분
종 결	• 제2회기 정리 및 소감 발표 • 제3회기 안내 　- 교류패턴이란		20분
유의사항	• 분석에 관한 설명은 간단히 하며, 본인이 그래프를 그리고 설명을 듣고 이해한다.		
기 타	※ 세부내용 혹은 활동자료 첨부		

(1) 준비 및 마음 열기(30분)

- 인사 및 제2회기 교육의 진행내용과 방식에 대해 소개한다.
- A4 용지에 이름을 쓰고 비행기를 접는다.
- 비행기를 5회 정도 날리며 이름에 맞게 얼굴형, 눈, 코, 입, 머리, 귀 등을 그린다.
- 맨 마지막 사람은 그 사람에게 칭찬의 말을 써 준다.
- 자신의 칭찬을 소개하고 감정을 교류한다.

(2) 활동(70분)

활동 1: 겉마음과 속마음

◉ **교류분석과 성격발달에 대한 관점**

• 성격은 배우들이 쓰던 가면에서 유래된 그리스어로 '한 개인이 사회적 역할을 수행할 때 주위 사람들에게 주는 피상적 수준의 사회적 이미지'다.

• 교류분석에서는 개인이 속한 가족, 부모의 양육 태도, 사회문화 등 환경에 영향을 받아 겉마음을 형성함으로써 사회적 이미지를 형성하여 행동한다고 본다.

◉ **자아상태에 따른 형성시기**

• 어린이 자아(C): 출생 후 5세경까지 부모와 관련된 외적 사건에 대한 감정적 반응양식에 의해 주로 형성된다고 보고 있다.

• 어른 자아(A): 언어발달의 시기와 연관되어 생후 10개월경에서부터 12세경이면 정상적으로 기능이 가능하다고 보았다.

• 어버이 자아(P): 6세경부터 발달하기 시작하여 부모, 형제, 그리고 그 외 정서적으로 중요한 인물의 행동과 태도 그리고 사회문화적 영향에 의해서 형성되는 것으로 알려져 있다.

◉ **교사와 학생의 성격형성 관계이해**

• 교사의 성격과 행동은 학생에게 영향을 줄 수 있다.

• 자신의 성격과 자아상태를 이해하고 행동에너지를 파악하면 예측이 가능하다.

• 학생들에게 긍정적인 성격형성을 위해서는 자신을 돌아볼 필요가 있다.

◉ **CKEO그램이란**

• 한 사람의 자아상태에 발생하는 에너지의 양과 시간을 그래프로 나타낸 것으로 CK-EGO그램은 겉마음, CK-OK그램은 속마음을 나타낸다.

• 겉마음: 객관적이고 사회적인 수준

• 속마음: 주관적이고 심리적인 수준

◉ **CKEO그램 분석 목표**

- 사고방식이나 태도의 패턴을 발견
- 자기계발과 인간관계 증진

(3) 마무리(20분)

- 제2회기 정리 및 소감을 발표한다.
- 제3회기 활동을 안내한다.
  - 교류패턴과 긍정적인 의사소통

활동자료 2-1   **자아상태 알아보기**

- 나의 높은 자아상태는?

- 나의 성격은?

- 나의 거울은 누구인가?

- 다음 기능에 영향을 준 사람은 누구인지 기록하여 보세요.

기능	누구의 본을 받은 것인가요?
CP	
NP	
FC	
AC	

• 나의 성격개선을 위해 촉진하고자 하는 자아상태 기능을 선택하고 그 자아상태 기
  능을 촉진할 수 있는 구체적 행동을 적어 보세요.

_____

_____

_____

_____

_____

_____

3) 제3회기: 소통과 이해

단계	내용	준비물	시간
목표	• 교류패턴을 이해하고 일상생활에서 주고받는 말, 태도, 행동 등을 분석하여 인간관계에 적용하여 의사소통에 도움을 준다. • 상호작용과 긍정적인 의사소통으로 타인을 수용하고 이해한다.		
단 계	내 용	준비물	시간
도 입	• 제3회기 교육내용과 진행방식 소개 • 마음 열기	- 도형그림	15분
전 개	• 교류패턴 분석이란 • 학생과 대화법의 문제점 탐색하기 • 긍정적인 의사소통 방법 소개 　- 세 갈퀴 대화법 • 역할극 　- 2인 1팀으로 교사와 학생의 세 갈퀴 대화법으로 　　역할극 참여	- 〈활동자료 3-1〉 - PPT 자료, 교재 - 동영상: 대화사례 　(5분 감상) - 〈활동자료 3-2〉 - 의자 2개	90분
종 결	• 제3회기 정리 및 소감 발표 • 제4회기 안내 　- 인정자극에 대한 안내		15분

유의사항	• 라포 형성 방법은 진행자에 따라 다를 수 있다. • 역할극은 2인 1팀
기 타	• 세부내용 혹은 활동자료 첨부 • 프로그램을 상황에 맞게 시간과 순서, 내용을 운영해야 함

(1) 준비(15분) 및 마음 열기

• 제3회기 교육 진행내용과 방식에 대해 소개한다.

• 진행자는 도형으로 이루어진 간단한 그림을 준비한다.

• 지원자 한 사람이 설명하고 다른 사람은 설명을 듣고 그린다.

• 의사소통의 어려움을 수용한다.

(2) 활동(90분)

활동 1: 교류패턴과 긍정적인 의사소통

◉ 교류패턴 분석이란

구조분석에 의해 명확해진 자아상태의 이해를 근거로 해서 일상생활 속에서 주고받는 말이나 행동, 태도 등을 분석하는 것이다. 인간관계에 있어 어떤 대화방법을 취하고 있는가? 자신의 자아상태 모습에 대해서 자각하고 적절한 자아상태를 스스로 의식적으로 통제하도록 하기 위한 것이다.

• 상보교류

2개의 자아상태가 상호 관여하고 있는 교류로서 발신자가 기대하는 대로 수신자가 응답해 주는 교류다. 따라서 상호 지지 대화가 계속된다.

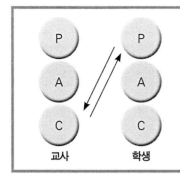

학생: 저 혼자 너무 어려워요! 도와주세요!
교사: 알겠다. 내가 도와주마.

• **교차교류**

예상 밖의 반응이 발신되는 것으로 상호교류가 교차적인 것이며 기대에 맞지 않는 반응을 할 때 보이는 교류다.

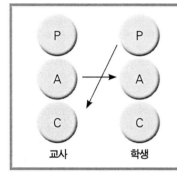

학생: 오늘 자율학습 빠지고 싶은데요.
교사: 무슨 소리니? 네가 하겠다고 한 거니까 빠지면
      안 되지.

• **이면교류**

말로 표현된 사회적 메시지는 언뜻 보기에는 아무렇지도 않으나 실제로 숨겨진 의도를 지닌 심리적 메시지를 담고 있다. 두 개 이상의 자아상태를 동시에 포함하고 있다. 즉, 겉마음과 속마음이 따로 있다.

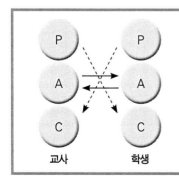

교사: 이야~. 글씨 잘 쓰는구나. 멋진데!
      (공부나 잘하지.)
학생: 네, 고맙습니다.
      (치! 일등만 좋아하면서. 빈말은.)

◉ **학생과 대화법의 문제점 탐색하기**

• 5분 정도 동영상(대화사례)을 시청한다.

• 〈활동자료 3-1〉을 통하여 학생과 대화가 어려울 때는 어떤 상황이었는지 작성하여 그룹별로 의견을 나누고 발표한다.

◉ **긍정적인 의사소통 방법**

긍정적인 의사소통은 인격과 능력을 에누리하지 않아야 한다.

◉ **세 갈퀴 대화법**

감정을 억압하거나 방임, 축소 전환하는 대화는 아이들의 감정조절을 하지 못하게 하고 대인관계 형성을 어렵게 하고 학습능력을 떨어뜨린다. 긍정적인 의사소통을 하려면 감정을 있는 그대로 수용하여 반영하며 세 갈퀴 대화법을 적용하면 더 효과적이다.

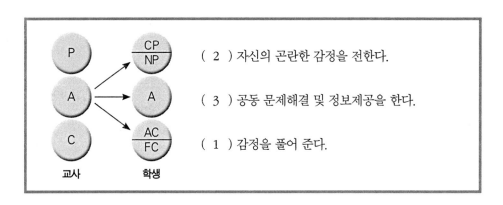

활동 2: 세 갈퀴 대화법과 역할극

◉ **방 법**

• 두 사람씩 짝을 지어 한 사람은 교사, 다른 사람은 학생 역할을 한다.

• 각 팀별로 상황을 구성하고 연습한다.

• 팀별로 발표한다.

(3) 마무리(15분)

- 제3회기 정리 및 소감을 발표한다.
- 제4회기를 안내한다.
  - 긍정적인 인정자극
- 과제를 안내한다.
  - 나의 학교생활, 가정생활 일부를 녹음해 보기

활동자료 3-1 **교류패턴 알아보기**

- **상보교류**

교사   학생

- **교차교류**

교사   학생

• **이면교류**

P	P
A	A
C	C
교사	학생

_____
_____
_____
_____

활동자료 3-2   **나의 대화법 탐색하기**

• 타인(학생) 간의 대화장벽이 되는 경우를 적어 보세요.

_____
_____
_____
_____

• 그럴 때 나의 감정은?

_____
_____
_____
_____

• 그다음 나는 어떻게 행동하는가?

_____
_____
_____
_____

4) 제4회기: 마음의 영양물

목 표	• 인간이 받고 싶은 인정자극의 중요성을 이해한다. • 자신의 주고받는 인정자극을 살펴보고 계획을 세우고 실행한다.		
단 계	**내 용**	**준비물**	**시 간**
도 입	• 제4회기 교육내용과 진행방식 소개 • 마음 열기(자리 바꾸어 인사하기)		15분

전 개	• 긍정적 인정자극
	  - 인정자극이란
	  - 인정자극의 질과 타이밍
	  - 에누리
	  - 인간관계 증진을 위한 인정자극 교환방법
	• 나를 힘들게 하는 말 탐색
	  - 어릴 적 타인에게 들었던 말
	• 나를 기쁘게 하는 말 탐색
	• 자신의 인정자극 계획 세우기
		- PPT 자료, 교재
		- 〈활동자료 4-1〉
		  〈활동자료 4-2〉
			90분

종 결	• 제4회기 정리 및 소감 발표 • 제5회기 안내 - 인생각본		15분
유의사항			
기 타	※ 세부내용 혹은 활동자료 첨부		

(1) 준비(15분) 및 마음 열기

- 자리 바꾸기 활동을 한다.
  - 다 같이 일어나서 동그랗게 원을 만든다. 진행자는 멈춤과 전진의 신호를 주어 각자 원하는 자리로 이동하도록 돕는다. 새로운 사람과 인사한 후 오늘 활동에 참여한다.
- 제4회기 교육 진행내용과 방식에 대해 소개한다.

(2) 활동(90분)

활동 1: 인정자극이란

◉ 인정자극이란

인정자극은 심리적 성장의 밑거름이다. 사람은 스킨십 등 몸짓이나 눈짓, 표정, 감정, 언어 등 자신의 반응을 상대에게 알리는 인간인식의 기본단위로서 인정자극(stroke)을 사용한다. 인간행동의 동기는 모두 인정자극으로 성립되어 있다. 타인과 인정자극 교환이 이루어질 때 자기존중감 및 애정과 보살핌에 기초한 원만한 인간관계를 형성할 수 있다.

- 어릴 때는 신체적 인정자극 욕구가 강하고 성인은 정신적인 인정자극 욕구가 강하다.
- 인정자극이 없으면 병리적인 심리적 기아상태에 놓이게 되므로 무인정자극은 가장 바람직하지 않다.

◉ 인정자극의 유형

구분	신체적	언어적	조건적	무조건적
존재인지 (인간, 인식)	접촉에 의한 직접적 표현	말에 의한 간접적 표현	행위나 태도에 대해서 표현	존재나 인격에 대해서 표현
긍정적 (상대가 기분 좋게 느낀다)	안아 준다. 손을 잡아 준다. 어깨를 쳐 준다.	칭찬과 격려의 말을 한다.	힘들었을 텐데 지각하지 않으려고 애써줘서 고마워. 참 잘한 일이야.	내 생애에 너희들을 만난 것이 가장 큰 행운이야.
부정적 (상대가 기분 나쁘게 느낀다)	때린다. 꼬집는다. 걷어찬다.	겨우 이것밖에 못해. 넌 늘 이런 식이지. 그럼 그렇지.	깨끗이 정리정돈하지 않으면 안 된다. 그 태도가 뭐야?	우리 말하지 말자. 이 교실에서 나가.

◉ 에누리

에누리란 '깎는다'라는 의미를 가지고 있다. 즉, 과소평가라는 말로도 해석된다.

에누리는 존재나 하는 일을 왜곡하거나 축소하는 것이다.

- 교사가 실수하기 쉬운 에누리 유형
  - 학생의 문제 자체를 외면하는 에누리
  - 학생은 중요한데, 중요하지 않다고 무시하는 에누리
  - 학생의 인격이나 능력을 에누리
  - 교사가 자신의 능력을 에누리

◉ 인정자극의 질과 타이밍

- 인정자극 부족은 심리적 죽음과 같다(Harris, 1967).
- 질과 양은 적절한 시점에 같은 양이 되돌아오기를 기대한다.

사례 보기

학　생: 선생님, 저 그림 잘 그렸죠? 자, 봐 주세요!!

선생님: 그래.

학　생: (선생님은 나에게 별 관심이 없어.) FC → CP

　　➡ 자아상태의 이동과 에누리가 되었다.

◉ 인간관계 증진을 위한 인정자극 교환방법

우리는 인정자극을 요구, 거절할 수 있으며, 즐길 수 있다. 그러나 대부분이 어린 시절 부모의 억압으로 인정자극 교환을 제한하고 있다. 인정자극을 많이 받고 자라면 원만한 관계를 구축하지만 인정자극을 받고 자라지 못하면 그렇지 못하다는 것이다. 이를 경제라는 법칙에 적용해 보면 부자는 더 부유해지고 가난한 사람은 더 가난해진다는 원리로 해석된다. 따라서 이렇게 형성된 인정자극 경제법칙을 타파하는 것이 필요하다.

◉ 인정자극 경제법칙을 타파하라

- 주어야 하는 인정자극을 주어서는 안 된다.
- 원하는 인정자극을 요구해서는 안 된다.

- 원하는 인정자극이 와도 받아들여서는 안 된다.
- 원하지 않는 인정자극이 왔을 때 거절해서는 안 된다.
- 자기 자신에게 인정자극을 주어서는 안 된다.

활동 2: 나를 힘들게, 기쁘게 하는 말 탐색

◉ 나의 성장나무 그리기
- 〈활동자료 4-1〉을 통하여 나뭇잎을 그린다.
- 영양분의 말들과 표현은 위에 건강한 나뭇잎을 그린다.
- 힘들게 한 말이나 표현, 스킨십은 아래에 떨어진 나뭇잎을 그린다.
- 그룹별로 어떤 느낌인지 발표하고 이야기 나눈다.

활동 3: 나의 인정자극 계획 세우기

- 〈활동자료 4-2〉를 통하여 자신의 인정자극 계획을 세운다.
- 일정 기간 동안 계획을 실천하고 평가한다.

(3) 마무리(15분)
- 제4회기 정리 및 소감을 발표한다.
- 제5회기를 안내한다.
  - 인생각본
- 과제를 안내한다.
  - 자신의 인정자극 계획 실행하기

활동자료 4-1　　　**나의 성장나무**

타인에게 받은 인정자극 중 나를 기쁘게 했던 영양분의 말이나 표현은 위에 나뭇잎
을 그리고, 힘들게 한 표현은 아래 떨어진 나뭇잎을 그린다.

활동자료 4-2   나의 인정자극 계획 세우기

생각하신 날이 첫날입니다. 오늘부터 시작하십시오.

첫날	월	일	요일

우선 당신의 내부변혁을 실행하기 위해서는 오늘이라는 날이 끝날 때까지 어떤 행동을 취할 것인가 생각해 보십시오. 그리고 그것을 구체적으로 써 보십시오.

〈오늘 할 행동〉

다음은 외부계획을 실현하기 위해서 오늘 중에 누군가에게 대해서 어떤 인정자극을 줄 것인지 생각해 보십시오. 그리고 구체적으로 써 보십시오.

〈누구에게〉

〈어떤 인정자극〉

5) 제5회기: 잃어버린 나를 찾아서

목 표	• 어린 시절에 만들어진 축소각본을 찾고 이해하여 재결단을 돕는다. • 인생 초기의 대인관계의 중요성을 이해하여 학생과의 관계 증진 필요성을 안다.		
단 계	**내 용**	**준비물**	**시 간**
도 입	• 1분 동안 명상을 한다. • 제5회기 교육내용과 진행방식에 대해 소개한다.		15분
전 개	• 연극 포스터 　- 당신은(사자성어로 표현하라)? 　- 자신의 삶에 제목을 붙이기 • 인생각본이란 　- 축소각본 형성 시기와 그 중요성 • 드라이버를 찾아라 　- 나의 드라이버는…… 　- 드라이버에서 벗어나려면	- 〈활동자료 5-1〉 - 그림도구 - PPT 자료, 교재 - 〈활동자료 5-2〉	90분
종 결	• 제5회기 정리 및 소감 발표 • 제6회기 안내 　- 심리게임을 벌이다		15분
유의사항			
기 타	※ 세부내용 혹은 활동자료 첨부		

(1) 준비(15분) 및 마음 열기

- 1분 동안 명상하고 크게 웃고 소리 지르기를 한다.
- 제5회기 교육내용과 진행방식에 대해 소개한다.

(2) 활동(90분)

활동 1: 연극 포스터

◉ 연극 포스터 만들기

- 〈활동자료 5-1〉을 통하여 자신의 삶을 압축하여 표현한다.
- 사자성어로 제목을 붙인다.
- 마법소원을 빌 수 있다면 어느 시기에 무엇을 변화시키고 싶나요?

활동 2: 드라이버를 찾아라

◉ 축소각본

초 단위의 단시간에 일어나는 일련의 행동패턴이며 인생각본을 강화하는 것이다.
이 축소각본은 드라이버(몰이꾼)라 불려지는 길항금지령에 의해 시작된다. 드라이버의 명령에 속박되어 있을 때 나는 OK라고 느끼지만 더 속박되는 과정이다.

◉ 드라이버와 허가(허용)

- 완전하게 하라. → 당신은 있는 그대로 충분하다.
- 다른 사람을 기쁘게 하라. → 먼저 너 자신을 기쁘게 하라.
- 강해지라. → 자신이 원하는 것을 개방적으로 표현하라.
- 열심히 노력하라. → 그냥 하라.
- 서둘러라. → 여유를 가지고 하라.

> **Tip** 교사는
> - 아이들의 장점을 보도록 한다.
> - 자신을 기쁘게 하도록 하기보다는 학생 자신을 기쁘게 하는 것을 허용하라.
> - 억압하지 않고 표현하는 것을 수용하라.
> - 늘 부족하다고 느끼는 대화를 되돌아보아야 한다.

(3) 마무리(15분)

- 제5회기 정리 및 소감을 발표한다.
- 제6회기를 안내한다.
  - 심리게임을 버리다
- 과제를 안내한다.
  - 하고 싶은 것(단기, 장기)
  - 목표를 성취하려면 지금 바꾸고 싶은 것

활동자료 5-1 **연극포스터 만들기**

자신의 연극 포스터를 만들어 보세요. 사자성어로 제목을 붙이고 이 연극이 어떤 연극인지 특징을 표현하세요.

마법의 가루가 있습니다. 당신의 소원을 한 번 들어준다면 당신은 어느 시기의 무엇을 변화시키고 싶은가요?

활동자료 5-2	드라이버 체크리스트(간이검사지)

드라이버 체크리스트입니다. 1~5점으로 체크한 후 총점을 쓰세요.

	항목	점수	총점
1.	다른 사람들에게 '나의 생각으로는'이라고 자신의 의견을 확실히 말하거나 충동을 느낀다.		
2.	이야기할 때 어깨 등의 근육 부분이 긴장된다.		
3.	요점을 지적하거나 다소 지나친 제스처를 쓰면서 말한다.		
4.	무엇을 해도 '이것으로 충분할까?' 하는 불안이 있고 좀 더 신경 쓴다.		
5.	여기서 중지했으면 하면서도 중지한다고 말하지 못한다.		
6.	'될 수 있는 한 해 보겠다.' '해 보기는 하겠지만'이라는 표현을 자주 쓴다.		
7.	말씨가 분명하지 못하고 정통을 찌르는 말보다 간접적인 표현을 자주 쓴다.		
8.	다른 사람과 이야기할 때 앞으로 몸을 숙여 들으려고 한다.		
9.	노력이라도 하면 무엇인가 된다고 자신에게 타이른다.		
10.	이야기할 때 어깨 등의 근육 부분과 위장 등의 체내 양쪽에 긴장감이 있다.		
11.	이야기할 때 상대의 기분을 묻거나 동의를 구하는 말을 많이 사용한다.		
12.	위 등 몸 깊숙한 곳에 긴장감을 느끼나 그다지 경직되지 않는다.		
13.	다른 사람을 충분히 만족시키고 있지만 아직 배려가 부족하지 않을까 생각한다.		
14.	눈에 띄는 행동을 피하고 여러 사람 앞에 잘 나서지 않으려고 한다.		
15.	이야기할 때 고개를 끄덕이는 횟수가 많다.		
16.	이야기할 때 다른 사람이 말을 끝내기 전에 끼어들어 말한다.		
17.	동작이 급하고 성급하다.		
18.	무슨 일이든 시간 안에 끝내기 어렵다는 생각을 자주 하고 그러면 큰일이라고 생각한다.		
19.	무릎을 많이 떨고 책상을 두드리거나 몸의 일부를 자주 움직이는 버릇이 있다.		
20.	'자, 하자.' '서둘러 하자.'라는 표현을 자주 쓴다.		
21.	모든 동작이 딱딱하고 어색하다.		
22.	이야기할 때 감정표현이 없고 '별일 아니야.'라고 감정을 억압한다.		
23.	자신의 약점을 타인에게 보이지 않는다고 자신에게 타이른다.		
24.	말소리에 억양이 없고 단조롭다.		
25.	팔짱을 끼거나 의자에 앉을 때 다리를 꼬고 앉기를 좋아한다.		

새롭게 개발된 최영일 박사의 CKDP 심리검사를 활용하는 것이 더 효과적이다.

6) 제6회기: 심리게임을 벌이다

단 계	내 용	준비물	시간
목 표	• 진행자와 참여자 간의 친밀감을 형성한다. • 교환권 수집과 인생게임에 대해 이해한다. • 전체 프로그램을 이해하고 적극적인 참여의 동기를 갖는다.		
도 입	• 프로그램 목표 및 진행과정 소개 - 회기, 시간, 진행방법		15분

전 개	• 심리게임이란?
	  - 명료하고 예측 가능한 결과를 향해 진행 중인 위장된 감정의 교류
	  - 목표는 비건설적인 게임을 단절하여 자율적 인간이 되는 것
	• 교환권 수집과 인생게임
	• 드라마 삼각형 알아보기(세 가지)
	  - 박해자
	  - 희생자
	  - 구원자
	• 심리게임의 종류 알아보기
		- PPT 자료, 교재
		- 〈활동자료 6-1〉
		- 〈활동자료 6-2〉
			90분

종 결	• 제6회기 정리 및 소감 발표 • 제7회기 활동 안내 • 과제 안내 - 최근 생활 속에서 자신의 교환권 수집상태를 금색, 회색, 청색, 백색, 적색 교환권으로 나누어 적어 보기	- 〈활동자료 6-3〉	15분
유의사항			
기 타	※ 세부내용 혹은 활동자료 첨부		

(1) 준비(15분)

• 제5회기 교육을 간단히 요약하여 설명한다.

• 과제를 점검한다.

• 이 프로그램의 목적 및 진행과정을 설명한다.

(2) 활동(90분)

〈진행방법〉

- 강의식, 집단토의식

활동 1: 심리게임 분석

◉ **심리게임이란**

- 의미: 명료하고 예측 가능한 결과를 진행 중인 일련의 상보적·이면적 교류로, 숨겨진 동기를 수반하고 올가미나 속임수를 품은 일련의 흥정으로 자주 반복하는 위장된 감정의 교류다.
- 목적: 심리게임을 알고 비 건설적인 게임을 단절하여 자율적인 인간이 되는 것이다.
- 목표:
  - 애정이나 인정자극을 얻기 위한 수단
  - 시간의 구조화
  - 각자의 기본적 감정을 지키기 위해서

◉ **심리게임으로 인해 초래되는 만성적 부정 감정**

> 노여움, 공포, 열등감, 우울, 안달, 초조, 안절부절, 우월감, 피로감, 절망감, 허무감, 버려진 기분, 혼란, 자기비하, 상심, 적대의식, 낙담, 비애, 연민, 응석 부리고 싶은 기분, 불안, 걱정, 무력감, 부정감, 분노, 긴장감, 혐오감, 투쟁심, 완고, 옹고집, 한, 시기심, 고독감, 짜증, 동정, 연모, 의무감, 패배감 등

> 대부분 AC상태에서 나온 길들여진 감정(라켓감정)이다.

◉ 심리게임을 중단하는 방법

• 심리게임의 시작에 주의하고 그것을 피할 것

• 라켓감정과 행동과의 관계를 객관적으로 관찰할 것

• '드라마 삼각형'의 세 가지 역할을 어느 정도 연출시키지 말 것

• 기존 교류패턴 바꾸기

• 결말을 생각하고 그것을 철저히 회피하는 수단을 구체적으로 강구할 것

• 비생산적인 시간을 오래 보내지 말 것

• 다른 사람과의 관계를 풍부하게 하고 자기인지의 기회를 증가시킬 것

• 긍정적 인정자극을 교환하고 서로 유쾌한 시간을 갖도록 할 것

◉ 드라마 삼각형에 의한 게임분석(드라마 삼각형)

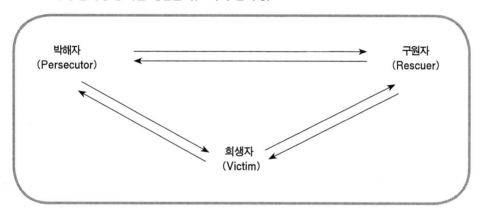

◉ 드라마 게임의 세 가지 각본 역할

• 박해자: 상대방을 억압하거나 지시하며 무시해도 좋을 사람으로 취급한다. (주로 CP 기능)

• 희생자: 자신을 무시하고, 배척받고 하찮은 존재로 취급받아 마땅한 존재로 생각한다. (주로 AC 기능)

• 구원자: 우위의 입장에서 구원하거나 지지하고, 박해자와 희생자를 화해시키거나 관대한 태도를 취한다. (주로 NP 기능)

◉ 교환권 수집과 인생게임

- 교환권이란: 교류분석에서 어린이 자아상태(C)가 모으는 특별한 감정을 교환권(trading stamp)이라고 부른다.

교환권 색깔의 종류	감정의 의미
금색 교환권(gold stamp)	기분이 좋고 자신을 중시
갈색 교환권(brown stamp), 회색 교환권(gray stamp)	부적절한 감정
청색 교환권(blue stamp)	우울한 감정
적색 교환권(red stamp)	분노와 적대감정
백색 교환권(white stamp)	결백

활동 2: 심리게임 사례 찾아보기

〈활동자료 6-1〉로 최근 자신과 타인 간의 심리게임 사례를 적용하여 본다.

(3) 마무리(15분)

- 제6회기 정리 및 소감을 발표한다.
- 제7회기 활동을 안내한다.
- 과제를 안내한다.

활동자료 6-1	심리게임 사례

우리는 살아가면서 Ⓐ자아상태가 의식하지 못한 채 심리게임을 한다. 최근 자신과 학생과의 심리게임 사례를 적어 보세요.

목 적	
초대자	
수락자	
반 응	
전 환	
혼 란	
결 말	

활동자료 6-2	심리게임 역할 알아보기

당신의 삶의 현장에서 학생과 주로 많이 하는 심리게임 역할을 써 보세요.

심리게임	사 례	느낌 및 개선점
박해자		
구원자		
희생자		

활동자료 6-3   교환권 수집상태

최근 생활 속에서 자신의 교환권 수집상태를 적어 보세요.

교환권	수집상태	느낀 점
금 색		
회색(갈색)		
청 색		
적 색		
백 색		

7) 제7회기: 손에 손 잡고

목표	• 진행자와 참여자 간의 친밀감을 형성한다. • 제6회기 교육을 간단히 소개한다. • 제7회기 교육내용 및 진행방식에 대해 소개한다.		
단 계	내 용	준비물	시 간
도 입	• 프로그램 목표 및 진행과정 소개 - 회기, 시간, 진행방법		15분
전 개	• 자신의 인생태도 - 인생태도란? - 기본적인 인생태도 유형 - 인생태도 개선 - 활동하기 • 자신의 인생태도 알아보기 • 당신이 학생에 대한 커렐로그램(correlogram)	- PPT 자료, 교재 - 〈활동자료 7-1〉 - 〈활동자료 7-2〉	90분

종 결	• 제7회기 정리 및 소감 발표 • 제8회기 활동 안내 • 과제 안내 - 가장 가까운 사람이 당신에 대해 어떻게 생각하고 있는지 커렐로그램을 그리고 이유를 적어 보세요.		15분
유의사항			
기 타	※ 세부내용 혹은 활동자료 첨부		

(1) 준비(15분)

• 제7회기 교육을 간단히 요약하여 설명한다.

• 과제를 점검한다.

• 이 프로그램의 목적 및 진행과정을 설명한다.

(2) 활동(90분)

〈진행방법〉

• 강의식, 집단토의식

활동 1: 손에 손 잡고(90분)

◉ 자신의 인생태도

인생에 대한 기본적인 태도는 유아기에 그 기초가 형성되어 그 후 수정되지 않는 한 자기와 타인에 대해 일생 동안 일관되게 취하는 태도다.

• 기본적인 인생태도
 - I'm OK(자기긍정): 스스로에 대해 자신이 있고, 자신의 사고방식이나 느낌을 아주 소중히 여긴다.

- I'm not OK(자기부정): 자신의 능력이나 감정에 자신이 없고 항상 열등감을 가지고 있는 유형으로 자기혐오, 자기비하의 상태에 빠지기 쉽다.
- You're OK(타인긍정): 상대방을 신뢰하고 그 인격이나 능력을 유연하게 인정할 줄 아는 마음상태다.
- You're not OK(타인부정): 타인을 기본적으로 신용하지 못하고 비판적으로 받아들이는 마음상태다.

◉ **인생태도의 형성**

- 인생 초기의 경험을 통해 정착된 관념은 성장 후 성격의 일부가 되어 특수한 방법으로 행동이나 반응을 결심한다.
- 의식하지 못한 채 각본의 역할(희생자, 박해자, 구원자)로 굳어져 간다.
- 부모나 양육자로부터 받은 인정자극의 질과 양에 따라 인생의 태도를 결단한다.

◉ **인생태도의 유형과 특징**

- I'm OK, You're OK(자기긍정, 타인긍정 I)
  C나 P 속에 기록된 개인적인 체험뿐 아니라, A가 수집한 사실이나 현실에 관한 풍부한 정보나 철학 및 종교로부터 비판적으로 취득한 사상이나 신념에 근거를 두고 형성된 인생태도다.
- I'm not OK, You're OK(자기부정, 타인긍정 II)
  자신을 믿지 못하고 인정하지 않으며, 상대방만 믿고 의지하려는 인생태도다.
- I'm OK, You're not OK(자기긍정, 타인부정 III)
  자신을 과신하고 있으나 타인의 존재나 능력을 인정하지 못하는 인생태도다.
- I'm not OK, You're not OK(자기부정, 타인부정 IV)
  인생을 살만 한 가치가 없다고 절망하거나 타인이 주고자 하는 긍정적 스트로크를 부정하고, 자기 자신에게도 긍정적 인정자극을 주지 못하는 인생태도다.

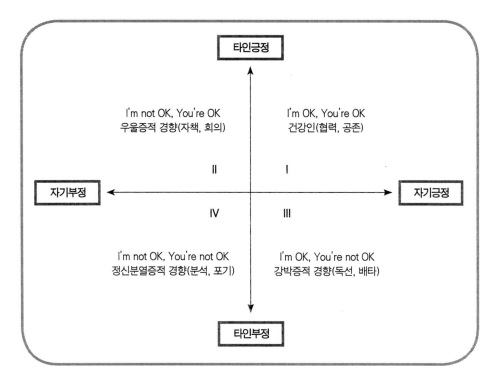

[그림 3-1] 인생태도 커렐로그램

활동 2: 인생태도 분석

(3) 마무리(15분)

- 7회기 정리 및 소감을 발표한다.
- 8회기 활동을 안내한다.
- 과제를 안내한다.
  - 가장 가까운 사람이 당신에 대해 어떻게 생각하는지 커렐로그램을 그리고
    그 이유를 적어보기

활동자료 7-1	자신의 인생태도 커렐로그램 그리기

자신의 인생태도는 어떻게 성장하였는지 커렐로그램을 그리고 각 영역에 나타나는 이유를 적어 보세요.

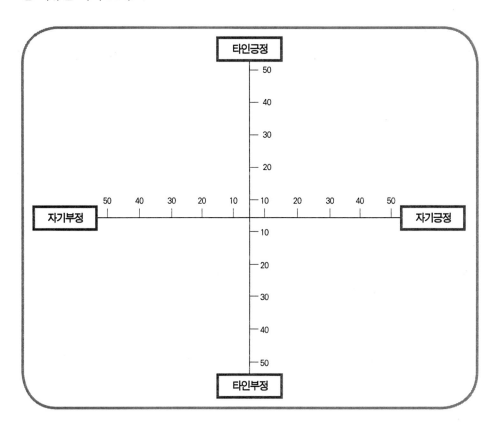

유 형	이 유	주로 사용한 인정자극
I		
II		
III		
IV		

활동자료 7-2　　타인의 커렐로그램 그려 보기

　당신이 학생들에 대해 어떻게 생각하는지 커렐로그램을 그리고 각 영역에 나타나는 이유를 적어 보세요.

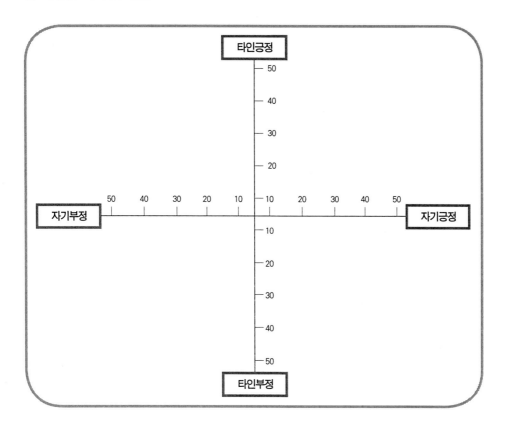

유 형	이 유	주로 사용한 인정자극
I		
II		
III		
IV		

8) 제8회기: 나의 비상

목 표	• 자신의 라켓체계를 이해하고 자기변혁의 계획을 세운다.		
단 계	내 용	준비물	시 간
도 입	• 프로그램 목표 및 진행과정 소개 - 회기, 시간, 진행방법		15분
전 개	• 지난 회기 경험 다루기 • 교류분석 집단 프로그램 마무리를 위한 피드백	- 워크북	90분
	• 라켓체계 이해하기 - 라켓이란 - 라켓체계 만들기	- PPT 자료, 교재	
	• 자기변혁 계획 세우기	- 〈활동자료 8-1〉	
종 결	• 제8회기 정리 및 소감 발표 • 평가서 작성하기	- 수료증 - 프로그램 평가지	15분
유의사항			
기 타	※ 세부내용 혹은 활동자료 첨부		

(1) 준비(15분)

- 제8회기 교육을 간단히 요약하여 설명한다.
- 과제를 점검한다.
- 이 프로그램의 목적 및 진행과정을 설명한다.

(2) 활동(90분)

활동 1: 나의 비상

◉ 라켓과 라켓감정이란

- 라켓이란?
  - 일련의 각본행동으로 우리의 상황을 조작하기 위한 무의식의 과정으로서 라켓감정을 갖게 하는 과정이다.
  - 라켓행동은 부적절한 대리감정을 뜻하는 각본행동으로서, 자기도 모르게 환경을 조각하는 수단으로 사용하며 라켓감정을 느끼게 만든다.
- 라켓감정이란?
  - 라켓감정은 스트레스를 받는 상황이라면 어떠한 상황에서든 경험하는 친숙한 정서로서, 아동기에 학습되고 주위 사람이 부추긴 정서다.
  - 라켓감정은 지금－여기에서 진정하지 않은 감정, 시간의 틀에 맞지 않는 감정이다.
  - 현재의 상황을 조작함으로써 어렸을 때 이런 라켓감정들을 체험하고 표현하며 아동기에 부모로부터 얻었던 인정자극을 현실에서 얻어 보려고 하는 것이다.
- 라켓과 교류, 게임의 관계[라켓티어링(Rackteering)]
  - 자신이 라켓감정을 위해 인정자극을 추구하는 방법으로 교류를 하는 것이다.
  - 라켓을 사용하는 사람은 사람들의 교류를 끌어들여 자기의 감정을 표출시키고 또 표출시킨 라켓감정에게 줄 인정자극을 타인으로부터 이끌어 내는 것을 목적으로 한다.
  - 라켓티어링은 일종의 여가(Pastime)로서 대화의 내용이 주로 라켓감정을 나누는 것으로, 이런 수평적 교류는 대화참여자 중 하나가 철수나 교차교류를 할 때 중단된다.
- 라켓과 게임
  - 게임은 항상 게임을 하는 사람으로 하여금 라켓감정을 체험하게 하는 것

으로 종결하게 한다.

- 라켓티어링은 이면 메시지를 교환한다는 면에서 게임실행자와 유사하고, 동시에 라켓감정의 결말을 얻는 것도 유사하다. 그러나 게임과 다른 점은 전환이 일어나지 않는다는 것이다.

(3) 마무리

- 전체회기 정리 및 소감을 발표한다. (평가지 작성)
- 수료식

활동 2: 자기변혁 계획 세우기

활동자료 8-1	자기변혁 계획 세우기

- 자율적인 사람은 타인과의 관계에 있어서 어떤 사람인가에 대한 당신의 생각을 동료들과 나누고 적어 보세요.

_____

_____

_____

_____

_____

- 지금까지 생활을 돌이켜 보았을 때, 자신은 어떤 사람이었는가? 그렇다면 앞으로 어떤 사람이 되고 싶은가?

_____

_____

_____

_____

_____

프로그램 평가지

이름:

벌써 마쳐야 할 시간이 되었네요.
그동안 여러 프로그램에 참여하시느라 애 많이 쓰셨네요.
우리 모두 수고한 분들을 위해서 박수!

• 프로그램에 대한 소감을 적어 보세요. 소감을 구체적이고 자세하게 적을수록 더 좋은 프로그램을 제공할 수 있는 밑거름이 됩니다.

• 특히 도움이 되었던 프로그램이나 기억에 남는 프로그램은?

• 프로그램 중에서 아쉬웠던 점이나 다음에 수정되기를 바라는 점이 있다면?

참고문헌

권중돈, 김동배(2005). 인간행동과 사회환경. 서울: 학지사.

노성덕, 정지연, 명선희, 김병관(2010). 소년원 또래상담 프로그램. 서울: 학지사.

우재현(2011). 교류분석 프로그램. 경북: 정암서원.

이동자(2009). 교류분석 프로그램이 어린이집 교사와 유아 간 의사소통에 미치는 영향. 대구대
        학교 교육대학원 석사학위논문.

최영일(2010). 교류분석과 교사의 자율성 증진. 광주: 꿈꾸는 씨앗.

최영일(2011). TA이론의 실제와 자기분석. 광주: 꿈꾸는 씨앗.

최영일(2012). 교류분석 강의지침서 I. II. 광주: 꿈꾸는 씨앗.

최영일(2013). CKEO그램 성격검사지, 해설지. 한국이고오케이그램연구소.

Harris, T. (1967). I'm OK You're OK. New York: Grove press.

한국교류분석상담협회 〈부부교육 PG 연구위원: 박영혜, 정성순〉

제4장 **'동행' 부부 프로그램**

1. 프로그램의 필요성과 의의

현대의 가족은 과거의 자녀 중심에서 벗어나 부부 중심으로 변화하고 있다. 자녀와의 관계가 결혼생활 유지를 위한 최선의 고려대상이 아니라 부부관계의 만족 여부가 가장 중요한 의미를 갖게 되었다고 볼 수 있다. 여성의 경제활동이 증가함으로써 이것을 민주적이고 양성 평등한 부부관계를 가져온 가장 큰 요인으로 보고 있으며, 전통사회에서 가사와 육아를 전적으로 담당하던 여성들이 부부의 역할, 권력의 변화를 가져와 부부관계가 과거에 비해 보다 독립적이고 평등한 관계로 변화하고 있는 현실이다.

산업화의 발전은 현대의 한국 가족을 빠른 속도로 변화시키고 있다. 맞벌이부부의 증가, 핵가족화, 경제위기, 혼인율의 감소와 저출산, 평균수명의 증가로 인한 고령화 등의 변화가 일어나고 있다. 특히 중년과 황혼기 이혼의 증가가 두드러지는데 이는 가부장적인 한국 사회의 부부관계를 남편이 주도(최규련, 1988)하고 의사소통에 있어서도 일방적인 결정을 내리기 때문이기도 하다.

신혼기 부부는 다른 문화 속에서 생활하던 남녀가 30대가 되면서 초혼을 하여 결합함으로써 문화충돌을 경험하게 되는데 이는 신혼기 이혼율 증가의 원인이 되기도

한다. 맞벌이부부의 증가로 인해 신혼기 부부들에게 역할분담은 가장 중요한 발달과업이 되었다. 이러한 역할분담에 대한 필요성은 인정하면서도 행동의 변화는 도출하지 못하고 있어서 역할분담에서 갈등이 빚어지고 있으며 또한 원가족과의 적절한 분리도 이 시기에 필요한 부분이다. 그럼에도 불구하고 신혼기 부부에게 가장 중요한 과업이 의사소통이라고 할 수 있는데 부부의 친밀성을 증가시키고 역할분담에서 오는 갈등상황을 의사소통기술을 잘 습득하여 해결하는 것이 중요하다고 하겠다.

중년기에는 인생의 유한성을 인식하고 미래에 대한 전망이 축소되며 내향성이 증가하는 등의 심리적 변화를 경험하게 되며 신체적 · 정신적 측면에서 자신의 인생을 재평가하여 다시 적응해야 할 뿐 아니라, 가족관계 및 사회생활에서도 그 역할과 책임을 수행해야 한다(중앙건강가정지원센터, 2008). 이러한 측면에서 중년기는 가족의 전환기로 볼 수 있으며 가족원이나 전체 가족이 이전의 생활방식에서 벗어나 새로운 형태의 생활을 시도해야 하는 과업을 가지고 있다.

김명자(1989)는 우리나라 중년층이 경험하는 문제들이 중년기의 발달적 특성에서 기인한다고 보고, 중년기에 나타나는 문제를 크게 세 가지로 구분하고 있다. 첫째, 중년기의 신체적 · 심리적 변화로 인해 문제가 발생하는 개인적인 문제, 둘째, 부부갈등, 성, 대화, 외도, 성역할 변화 등의 가족관계에서의 문제, 셋째, 사회적 지위와 역할의 변화로 인해 야기되는 실직, 명퇴, 직업, 경제적 문제 및 자기 인생에 대한 회의 등의 문제가 포함된다.

오늘날 중년기 인구도 늘어나고 있는 추세인데 1995년 10,921,455명, 2000년 13,131,188명, 2005년 15,272,701명, 2009년 16,823,405명으로 점점 증가하고 있으며 2022년에는 최고점인 19,921,211명까지 증가할 것으로 전망하고 있다(통계청, 2010). 중년기 인구의 증가는 노년기 인구의 증가와 맞물려 있으며 중년기 개인과 가족, 부부간의 위기 증가는 향후 노년기의 성공적 적응에 큰 영향을 주게 된다. 이에 효과적인 중년기 교육이 필요하며 더불어 중년기 부부교육 또한 절실히 필요하다고 할 수 있다.

이와 같이 모든 부부들은 상황적으로 위기를 경험하고 또 이혼의 갈등에서 고민을 하기도 한다. 이에 본 교류분석을 활용한 부부프로그램을 실시함으로써 부부들이 위기와 갈등에 대처할 수 있도록 부부문제 해결을 돕고 부부와 가족 간의 의사소통과 친밀감을 증진시키는 데 의의를 두고자 한다.

1) 프로그램 목적

부부의 자아상태와 인생태도를 살펴봄으로써 부부 갈등을 해소하고 친밀감을 향상시켜 가족발달단계에 맞는 과업을 잘 성취할 수 있도록 기회를 제공하는 데 그 목적을 둔다.

2) 프로그램 목표

- 부부의 자아상태와 인생태도를 분석하여 서로를 이해할 수 있도록 한다.
- 부부관계의 대화 패턴을 통하여 갈등을 최소화하도록 한다.
- 프로그램 참여를 통하여 부부의 친밀감을 향상시킨다.
- 가족발달단계별 과업을 이해하고 성공적인 과업을 달성할 수 있도록 한다.

3) 프로그램 운영방법

- 대상: 부부 10쌍 20명 이내
- 기간: 주 1회, 1회당 시수 2시간, 7회 14시간, 1회기 1박 2일(총 8회)

4) 기대효과

- 부부들의 부부관계 강화를 위한 효과적인 대화기법을 익힐 수 있다.
- 부부 갈등의 원인과 해결방법을 알 수 있다.
- 부부간 사랑의 언어를 이해하고 실천할 수 있다.

2. 프로그램 구성

영역	회기	주 제	활 동 내 용		시 간
초기	1	변화의 시작점에 서다	• 프로그램 오리엔테이션 • 계약서 작성하기 • 부부 별칭 짓고 소개하기 • 부부적응척도 검사(사전검사)	계약서 부부적응척도지	2
	2	서로 다름의 이해 I	• CKEO그램 검사를 통한 자아탐색 및 배우자 이해	CKEO그램 검사지	2
	3	서로 다름의 이해 II	• CKEO그램을 통한 부부 인생태도 및 배우자 이해	CKEO그램 검사지	2
중기	4	의사소통 스타일	• 부부 이해하는 시간 • 부부 의사소통 패턴 파악하기 • 효과적인 소통방법(세 갈퀴 대화법) - 과녁 맞히기 교류	교류패턴 (상보/교차/이면) 과녁 맞히기	2
	5	긍정의 힘	• 인정자극이란 무엇인가? • 관계증진을 위한 인정자극 알아보기 • 경청과 인정자극	인정자극	2
	6	되풀이되는 관계방식	• 자신의 심리게임 찾아보기, 사례 나누기 • 드라마 삼각형	심리게임 동영상(드라마)	2
	7	친밀감의 열쇠	• 인생과 시간 • 시간의 구조화는 간단하게 • 부부헌법 만들기	축소각본 인생각본과 시간의 구조화 부부의 다짐	2
종결	8	아주 특별한 여행	• 댄스테라피 • 세족식 • 편지 쓰기	1박 2일	1일차
			• 포스트 미션 수행하기 • 부부, 소감 나누기		2일차

3. 프로그램의 실제

1) 제1회기: 변화의 시작점에 서다

목표	• 계약서를 작성함으로써 프로그램에 지속적으로 참여하도록 한다. • 함께 참여하는 집단원의 소개를 통하여 친밀감을 형성한다.		
단 계	내 용	준비물	시 간
도 입	• 진행자 소개 • 전체 프로그램 소개(오리엔테이션) - 교류분석 부부 프로그램 소개 • 프로그램 목표 및 과정 소개 - 프로그램 진행 시 지켜야 할 약속에 대한 계약서 작성의 필요성	- PPT 자료	30분
전 개	• 계약서 작성하기 • 부부별 별칭 지어 참여동기 및 부부소개 • 참여자 간 인사 나누기 • 사전 질문지 작성 - 부부적응척도(부부합의도, 만족도, 일체감, 애정표현)	- 탁상용 POP 꽂이 - 부부적응척도지 준비 - 12색 유성매직 - 4절 도화지	70분
종 결	• 제1회기 정리 및 소감 나누기 • 제2회기 안내		20분
유의사항	• 책상 배열은 ㅁ자로 배열한다.		
기 타	• 〈활동자료 1-1〉 〈활동자료 1-2〉		

(1) 준비(30분)

- 인사말과 함께 진행자를 소개한다.
- 프로그램의 목적과 목표를 설명하고 전체 프로그램의 흐름을 설명한다.
- 계약서 작성에 대해 설명한다.

• 긴장감 해소를 위해 손 유희나 동작 등의 게임을 간단하게 한다.

(2) 활동(70분)

〈진행방법〉

• 강의식, 토의식

〈강의내용〉

◉ 계약서 작성하기

• 책상 위에 놓여 있는 계약서를 읽고 설명을 들은 후 서명한다.

◉ 별칭 짓고 발표하기

• 부부당 4절지에 각자의 별칭을 짓고 부부팀 별칭도 함께 지어서 적는다.
• 각자의 별칭의 의미와 부부 별칭의 의미를 4절 도화지에 그림이나 글로 표현한다.
• 부부가 시계방향으로 돌아가며 3분씩 참여 동기와 별칭에 대해 발표하면서 부부소개를 한다.
  - 소개가 끝나면 양옆의 부부들과 반갑게 인사를 나눈다.

◉ 부부적응척도 검사

• 부부적응척도 검사를 실시한다.

〈준비물〉

• 〈활동자료 1-1〉〈활동자료 1-2〉
• 12색 유성매직, 4절 도화지

(3) 마무리(20분)

• 부부별 프로그램 참여 각오와 소감을 나눈다.
• 제2회기 프로그램을 안내한다.
  - CKEO그램(CK-EGO그램)

활동자료 1-1　　계약서

계 약 서

나는 부부교육 프로그램에 참가하기를 신청하고,
다음 사항에 대하여 계약합니다.

1. 프로그램에서 제시되는 강의 및 활동에 적극적으로 참여하겠습니다.

2. 프로그램에서 배운 내용을 실천하도록 하겠습니다.

3. 다른 참가자들의 말을 경청하고 존중하겠습니다.

4. 프로그램 진행과정에서 알게 된 다른 사람의 개인적인 사항들에 대해 비밀을 지키겠습니다.

5. 교육에 끝까지 참가할 것을 약속하겠습니다.

년　　　월　　　일

참 가 자: _____ (인)

활동자료 1-2   **부부적응척도**

대부분의 부부는 결혼생활 중에 서로 의견이 일치하지 않는 경우가 많습니다. 다음은 부부의 의견이 자주 일치하지 않는 사항들입니다. 귀하 부부의 경우 다음 사항에 대해 어느 정도의 의견 차이를 경험하고 계신지 오른편의 해당란에 동그라미를 하십시오.

번호	문 항	항상 불일치	자주 불일치	보 통	자주 일치	항상 일치
1	가정 재정관리 문제	①	②	③	④	⑤
2	여가선용문제	①	②	③	④	⑤
3	종교문제	①	②	③	④	⑤
4	애정표현	①	②	③	④	⑤
5	교우관계	①	②	③	④	⑤
6	성관계	①	②	③	④	⑤
7	사회적 관례의 존중	①	②	③	④	⑤
8	생활철학	①	②	③	④	⑤
9	시댁 또는 처가를 대하는 방법	①	②	③	④	⑤
10	삶의 가치관	①	②	③	④	⑤
11	함께 보내는 시간	①	②	③	④	⑤
12	중요한 의사결정	①	②	③	④	⑤
13	가사분담	①	②	③	④	⑤
14	취미생활	①	②	③	④	⑤
15	직업 또는 각자의 일에 대한 결정	①	②	③	④	⑤

　　귀하 부부의 경우 다음과 같은 일을 얼마나 자주 경험하셨는지 오른편 해당란에 동그라미를 치십시오.

번호	문 항	전혀 없다	거의 없다	때때로 있다	자주 있다	항상 있다
16	귀하는 이혼이나 별거를 입에 올리거나 생각해 보셨습니까?	①	②	③	④	⑤
17	귀하나 귀하의 남편(아내)은 싸움 후에 집을 나가십니까?	①	②	③	④	⑤
18	전반적으로 귀하 부부 사이가 잘되어 간다고 생각하십니까?	①	②	③	④	⑤
19	귀하는 남편(아내)을 신뢰하십니까?	①	②	③	④	⑤
20	귀하는 결혼을 후회한 적이 있으십니까?	①	②	③	④	⑤
21	귀하 부부는 얼마나 자주 싸우십니까?	①	②	③	④	⑤
22	귀하 부부는 얼마나 자주 상대방의 신경을 건드리십니까?	①	②	③	④	⑤

번호	문 항	전혀 안 한다	거의 안 한다	때때로 한다	거의 한다	매일 한다
23	귀하는 남편(아내)에게 애정표현(키스 등)을 하십니까?	①	②	③	④	⑤

번호	문 항	전혀 안 한다	거의 안 한다	때때로 한다	거의 한다	매일 한다
24	귀하 부부는 가정 밖의 행사에 같이 참여하십니까?	①	②	③	④	⑤

귀하 부부는 얼마나 자주 다음과 같은 일을 하십니까?

번호	문항	전혀 안 한다	한 달에 한 번도 안 한다	한 달에 한두 번 한다	하루에 한 번 한다	하루에 여러 번 한다
25	서로의 생각을 흥미 있게 교환한다.	①	②	③	④	⑤
26	함께 웃는다.	①	②	③	④	⑤
27	무엇인가를 차분하게 의논한다.	①	②	③	④	⑤
28	어떤 일을 계획을 세워 함께 한다.	①	②	③	④	⑤

지난 몇 주 동안에 다음과 같은 일이 귀하 부부의 의견 차이나 부부문제를 야기했는지 ∨표시해 주십시오.

번호	문항	그렇지 않다	야기했다
29	너무 피곤해서 성관계를 가질 수 없었던 일		
30	애정표현을 하지 않았던 일		

31. 다음 칸 안의 숫자는 부부관계에서의 행복한 정도를 나타냅니다. 귀하는 전반적으로 부부관계에 대해 어느 정도 행복하게 느끼는지 해당 번호 위에 표시해 주십시오.

①	②	③	④	⑤
상당히 불행하다	약간 불행하다	보통이다	행복한 편이다	참으로 행복하다

32. 다음 보기 가운데 귀하가 귀하 부부관계의 미래에 대해 어떻게 느끼는지를 가장 잘 나타낸 것은 어느 것입니까?

1) 우리 관계는 결코 잘될 수 없고 관계를 유지하기 위해 내가 할 수 있는 일은 더 이상 없다. (   )

2) 우리 관계가 잘된다면 좋겠으나 관계를 유지하기 위해 내가 하고 있는 것보다 더 할 수는 없다. (　　)

3) 우리 관계가 잘되기를 바라며 그렇게 되기 위해 내가 해야 될 몫을 하겠다. (　　)

4) 우리 관계가 잘되기를 많이 바라며 그렇게 될 수 있도록 내가 할 수 있는 일을 하겠다. (　　)

5) 우리 관계가 잘되기를 간절히 바라며 그렇게 되도록 무슨 일이든 다 하겠다. (　　)

2) 제2회기: 서로 다름의 이해 Ⅰ

목 표	• CKEO그램을 통한 자아상태 구조와 기능에 대해 이해한다.		
단 계	내 용	준비물	시 간
도 입	• 지난 회기 요약설명(부부적응척도 결과) • 제2회기 프로그램 소개 　- CKEO그램(CK-EGO그램)에 대한 안내		20분
전 개	• 세 가지 자아구조(P, A, C에 대한 이해) • 다섯 가지 자아상태 기능의 이해 • 내가 이해하는 나 　- 나의 자아상태를 막대그래프로 그려 보기 • 각자의 막대그래프 설명하기 • CKEO그램 검사하기(CK-EGO그램 검사) • 자신의 자아상태 나누기	- PPT 자료 - 활동 자료 - A4 용지 - 필기도구 - CKEO그램 검사 　용지	80분
종 결	• 제2회기 정리 및 소감 나누기 • 과제 안내 　- 인생태도 사전점검표(〈활동자료 2-3〉) • 제3회기 안내 　- CKEO그램(CK-OK그램)	- 과제물: 인생태도 　사전점검표 배부	20분
유의사항	• 4인 1조로 책상 배열을 한다.		
기 타	• 〈활동자료 2-1〉 〈활동자료 2-2〉 〈활동자료 2-3〉		

(1) 준비(20분)

- 제1회기 때의 부부적응척도 검사 결과를 설명한다.
- 제8회기가 끝난 이후에 척도검사를 다시 할 것임을 알려 준다.
- 제2회기 교육내용과 진행방법에 대해 소개한다.

(2) 활동(80분)

〈진행방법〉

- 강의식, 토의식

〈강의내용〉

◎ **교류분석(TA)에 대한 이해**

- 교류분석(TA)은 개인의 성장과 변화를 위한 체계적인 심리치료법이며 성격 이론이다.
- 개인, 관계 그리고 의사소통에 대한 이해를 필요로 하고 있는 어떤 장면에서 도 사용될 수 있다.

◎ **자아상태의 이해**

- 자아상태 구조분석
  - P(어버이 자아상태): 부모나 부모와 같은 사람으로부터 모방한 행동, 사고, 감정
  - A(어른 자아상태): 지금 – 여기에서 바로 반응하는 행동, 사고, 감정
  - C(어린이 자아상태): 어린 시절로부터 재연된 행동, 사고, 감정
- 자아상태 기능분석
  - CP(통제적 어버이)
  - NP(양육적 어버이)
  - A(어른 자아)
  - FC(자유스러운 어린이)
  - AC(순응한 어린이)

◉ **내가 이해하는 나**

- 자기 자신의 CK-EGO그램을 빠르게 직관적으로 그려 보기를 한다.
- 부정적으로 나타나는 부분을 색칠하게 해서 각자의 CK-EGO그램을 설명한다.

◉ **CKEO그램 검사**

- CKEO그램(CK-EGO그램)을 실시한다.
- 직관적으로 그린 것과 실제 CK-EGO그램과 비교해 본다.
- 자신의 자아상태를 다른 사람들과 함께 나눈다.

〈준비물〉

- PPT 자료
- CKEO그램 검사용지
- 〈활동자료 2-1〉〈활동자료 2-2〉〈활동자료 2-3〉

(3) 마무리(20분)

- 제2회기 정리 및 소감 나누기를 한다.
- 제3회기를 안내한다.
- 과제를 안내한다.
  - 인생태도 사전점검표 작성해 오기

| 활동자료 2-1 | CK-EGO그램(마음그림) 직관 그리기 |

마음그림을 직관으로 그려 봅시다.

	CP	NP	A	FC	AC
50					
45					
40					
35					
30					
25					
20					
15					
10					
5					

활동자료 2-2   **성격형성 대물림 영향 비율표**

　18세까지 자신의 성격형성에 영향을 준 사람의 비율을 원그래프로 나타내 보고 부모님이 나에게 대물림한 것이 무엇인지 적어 봅시다.

영향을 준 사람	대물림한 것	비 율

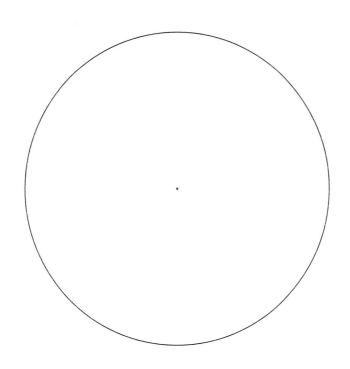

활동자료 2-3	인생태도 사전점검표

1. 현재 당신의 자신에 대한 OK감정(자기긍정)은 어느 정도 강하다고 느끼십니까?

매우 약함	상당히 약함		다소 약함	평균	다소 강함		상당히 강함	매우 강함
0	1	2	3	4	5	6	7	8	9	10

2. 현재 당신의 자신에 대한 NOT OK감정(자기부정)은 어느 정도 강하다고 느끼십니까?

매우 약함	상당히 약함		다소 약함	평균	다소 강함		상당히 강함	매우 강함
0	1	2	3	4	5	6	7	8	9	10

3. 현재 당신의 타인에 대한 OK감정(타인긍정)은 어느 정도 강하다고 느끼십니까?

매우 약함	상당히 약함		다소 약함	평균	다소 강함		상당히 강함	매우 강함
0	1	2	3	4	5	6	7	8	9	10

4. 현재 당신의 타인에 대한 NOT OK감정(타인부정)은 어느 정도 강하다고 느끼십니까?

매우 약함	상당히 약함		다소 약함	평균	다소 강함		상당히 강함	매우 강함
0	1	2	3	4	5	6	7	8	9	10

3) 제3회기: 서로 다름의 이해 II

목 표	• CKEO그램을 통한 자신의 인생태도에 대해 이해한다.		
단 계	내 용	준비물	시 간

도 입	• 지난 회기 요약 및 설명
	  - 자아상태 구조와 기능
	• 제3회기 프로그램 소개
	  - CKEO그램(CK-EGO그램)에 대한 안내
			20분

전 개	• 인생태도에 대한 설명
	  - 자기긍정
	  - 자기부정
	  - 타인긍정
	  - 타인부정
	• 내가 이해하는 나
	  - 나의 인생태도표 설명하기
	• 자아상태 인생태도 설명
	• CKEO그램(CK-EGO그램) 검사하기
	• 자신의 인생태도 나누기
		- CKEO그램 검사
		  용지
			80분

종 결	• 제3회기 정리 및 소감 나누기 • 제4회기 안내		20분
유의사항	• CKEO검사 시 지나치게 오래 생각하지 않도록 한다.		
기 타	• 〈활동자료 3-1〉 〈활동자료 3-2〉		

(1) 준비(20분)

- 제2회기 교육내용에 대해 요약설명한다.
- 과제를 점검한다.

- 제3회기 교육내용과 진행방식에 대해 설명한다.
  - CKEO그램(CK-EGO그램)에 대해 안내한다.

(2) 활동(80분)

〈진행방법〉

- 강의식, 토의식

〈강의내용〉

◉ 인생태도에 대한 설명

- 자기와 타인에 대해 일생 동안 일관되게 취하는 자세다.
  - 자기긍정(I'm OK)
  - 자기부정(I'm not OK)
  - 타인긍정(You're OK)
  - 타인부정(You're not OK)
- 네 가지 인생태도를 배합하여 자신과 타인에 대한 네 가지 진술을 만들 수 있다.
  - 자기긍정 타인긍정(I'm OK, You're OK)
  - 자기부정 타인긍정(I'm not OK, You're OK)
  - 자기긍정 타인부정(I'm OK, You're not OK)
  - 자기부정 타인부정(I'm not OK, You're not OK)

◉ OK목장에 대한 설명

- 내가 이해하는 나
  - 나의 인생태도표 설명하기

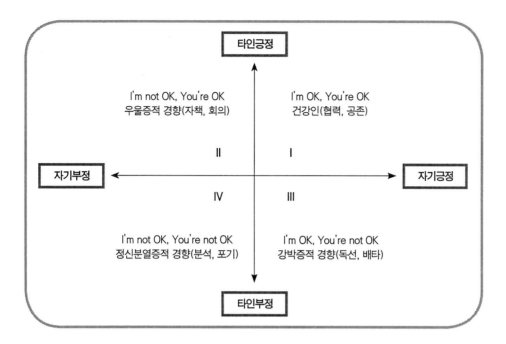

[그림 4-1] OK목장

◉ **자신의 인생태도를 CKEO그램으로 검사하기**
- 자신의 인생태도표(커렐로그램)를 작성하고 돌아가면서 인생태도 나누기

〈준비물〉
- CKEO그램 검사용지
- 〈활동자료 3-1〉〈활동자료 3-2〉

(3) 마무리(20분)
- 제3회기 정리 및 소감 나누기를 한다.
- 제4회기를 안내한다.

활동자료 3-1	인생태도 분석표

당신 자신이 보는 배우자의 인생태도 분석표다. 분석표를 보고 빈칸을 채워 보세요.

배우자 이름	인생태도 유형	
	타 인	본 인

활동자료 3-2	커렐로그램

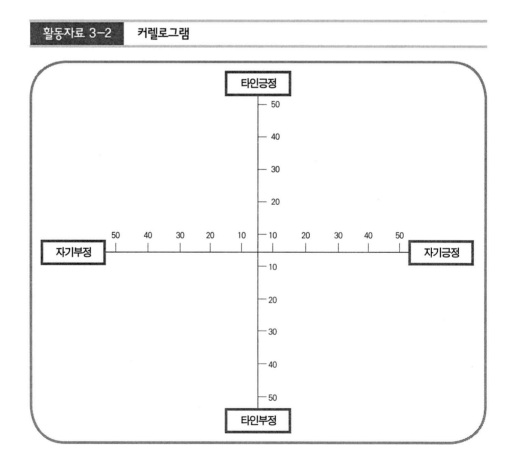

4) 제4회기: 의사소통 패턴

목 표	• 의사소통 패턴을 이해한다. • 과녁 맞히기 의사소통 패턴을 익힌다.		
단 계	내 용	준비물	시 간
도 입	• 지난 회기 점검 • 프로그램 목표 및 프로그램 과정 소개 • 상보교류, 교차교류, 이면교류에 대한 설명		20분
전 개	• 진행자의 역할극 시범 • 부부를 차례대로 1쌍씩 상황극 실시 • 남편과 부인이 나누는 대화에서 어떤 교류패턴을 많 　이 사용하는지를 알아보기 • 본인의 교류패턴을 점검하고 배우자의 교류패턴 이 　해하기 • 과녁 맞히기 의사소통 패턴을 익힌다.	- 의자 2개 - 상황극 예시물 제시	80분
종 결	• 제4회기 정리 및 소감 나누기 • 제5회기 안내 • 과제 안내		20분
유의사항	• 진행자는 의도적인 발언을 유도하지 않도록 한다.		
기 타	• 배우자에 대한 자신의 의도와 기대가 무엇인지를 알아본다. • 배우자의 교류패턴이 어느 자아상태에서 왔는지, 그리고 어느 자아상태에서 반응해 　주기를 바라는지를 찾아보도록 한다. • 의사소통 패턴의 역기능적인 면을 찾아내어 기능적인 의사소통으로 바꾸어서 말하 　는 연습을 하도록 한다. • 과제: 기능적이고 긍정적인 의사소통 패턴에 대해 연습해 오기 • 〈활동자료 4-1〉 〈활동자료 4-2〉		

(1) 준비(20분)

- 제3회기 때의 인생태도에 대해 점검한다.
- 제4회기 교육내용과 진행방법에 대해 소개한다.

(2) 활동(80분)

〈진행방법〉

- 강의식, 토의식

〈강의내용〉

◉ **교류패턴 분석의 의미**

- 일상생활 속에서 주고받은 말, 태도, 행동 등을 분석하는 것이다.
- 인간관계에 있어 어떤 의사소통 패턴을 많이 사용하는지를 알아봄으로써 자신의 자아 상태의 모습에 대해서 깊게 생각하고 자각상황에 따라 적절한 자아상태를 스스로 의식적으로 통제할 수 있도록 하는 것을 의미한다.

◉ **교류 벡터(vector)의 방향**

- P, A, C에서의 발신
  - P: 부모, 기타 양육자의 언동과 동일한 언동으로 비판적이거나 보호적
  - A: 사실에 입각해서 사물을 판단하고 냉정히 상대에게 전한다.
  - C: 정서적이며 자신의 생각대로 행동하거나 상대의 기분을 해치지 않도록 행동한다.
- P, A, C로 향한 발신
  - P: 지지와 원조를 구하기 위한 말이나 태도를 취한다.
  - A: 사실이나 정보를 구하거나 전하는 경우 상대의 지성이나 이성에 대해서 하는 말이나 태도를 취한다.
  - C: 상대의 감성에 작용하는 말이나 태도로써 낮고 약한 자를 대할 때 취한다.

◉ **교류분석에서의 대인교류 세 가지 기본유형**

• 상보교류

  – 어떤 자아상태에서 보내진 메시지에 대해서 예상대로의 반응이 돌아오고, 자극과 반응의 교류가 병행되는 교류로서 2개의 자아상태가 상호 관여하는 교류다.

  – 상호 간 의사소통에 있어서 가장 바람직한 교류가 계속 이루어진다.

• 교차교류

  – 어떤 반응을 기대하고 시작한 발신자의 교류가 저지되고 예상 외의 수신자의 반응이 돌아와 중도에 대화가 단절되거나 싸움이 되는 교류다.

  – 뒤틀린 교사와 학생관계의 원인이 되는 교류패턴이다.

• 이면교류

  – 실제로 숨겨진 의도를 지닌 심리적 메시지를 담고 있는 교류다.

  – 2개 이상의 자아상태를 내포하고 있다.

  – 두 사람 사이의 사회적 메시지와 숨겨진 심리적 메시지가 있기 때문에 이면의 메시지에 주의하여야 한다.

  – 교사와 학생 간의 관계를 저해하는 원인이 되는 교류패턴이다.

◉ **대화분석의 활용**

• 대화는 상보에서 시작해서 상보로 끝나는 것이 바람직하다.

• 말하려는 것, 말하는 것을 잘 경청한다.

• 말을 솔직하게 수용하고 솔직하게 되돌려 준다.

• 우선 타인의 말에 긍정한다.

• 타인의 말을 반복해 본다.

• P와 A에서 상보교류는 서두르지 말고 음미해 본다.

• 대화는 원칙적으로 교차교류를 하지 않는다.

• 평상시에 교차교류를 어떻게 하고 있는지 반성해 본다.

• 생산성 없는 상보교류가 계속될 경우에는 교차교류를 해야 한다.

• 타인의 입장이나 최종 결과를 생각해서 필요하다고 생각할 때 교차교류를 해야 한다.

- 타인과 대화를 원만하게 계속하려면 말보다는 이면에 숨겨진 의도를 알아야 할 때도 있다.
- 의사소통 능력을 향상하려면 이면교류는 단절되어야 한다.
- 이면교류는 부정적인 교류가 많아져서 타인과의 관계를 악화시킬 경우가 많다는 것을 알아야 한다.

◉ **대화를 잘 하지 못하는 이유**
- 부적절한 경청태도
- 가치관의 차이
- 문화 차이
- 비판적 태도
- 묵비권 행사
- 끊임없는 자기 자랑
- 용서에 인색할 때
- 기계적이고 바쁜 생활
- 충돌에 대한 두려움
- 소재의 빈곤

◉ **대화의 전제**
- 바른 마음
- 분리 개별화
- 긍정적 인생태도
- TPO(time, place, occasion)의 법칙

◉ **경청의 지침과 방해가 되는 요소에 대한 설명**
- 커뮤니케이션의 정의
- 커뮤니케이션의 구성요소
- 스티븐 코비의 경청의 5단계
- 경청이 안 되는 이유

〈준비물〉

- PPT 자료
- 〈활동자료 4-1〉〈활동자료 4-2〉

(3) 마무리(20분)

- 제4회기 정리 및 소감 나누기를 한다.
- 제5회기를 안내한다.
- 과제를 안내한다.
  - 경청의 10계명 써 오기

활동자료 4-1 **교류패턴 활동자료**

1. 생활현장에서 자신과 타인이 나누는 상보교류, 교차교류, 이면교류의 사례를 2개씩 들어 보세요.

교류패턴	사 례
상보교류	• •
교차교류	• •
이면교류	• •

2. 타인과 대화에서 어떤 자세로 대화를 하면 상보교류를 잘할 수 있는지 이야기해 보세요.

_____

_____

_____

3. 자신이 교차교류를 활용해야 할 경우가 있는데 생활현장에서의 사례를 이야기해 보세요.

_____

_____

_____

4. 타인이 이면교류를 하고 있을 때 이면교류에서 벗어나는 방법에 대해서 이야기해 보세요.

_____

_____

활동자료 4-2 **과녁 맞히기**

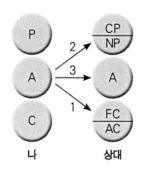

나　　　상대

예시

2.「실은 굉장히 곤란한 지경인데요.」

　　A → NP '어버이' P 달래기

3.「어떤 방법이 없을까요?」

　　A → A 문제해결 정보 요구

1.「바빠셔서 큰일이군요.」

　　A → AC '어린이' C 달래기

A → AC 대화(감정 읽어 주기): _____

A → NP 대화(공감 · 배려하기): _____

A → A 대화(사실적 대화): _____

5) 제5회기: 긍정의 힘

목 표	• 삶을 지탱해 주는 영양물인 인정자극에 대해 이해한다.		
단 계	내 용	준비물	시 간
도 입	• 지난 회기 점검 • 프로그램 목표 및 프로그램 과정 소개 • 인정자극에 대한 설명		20분
전 개	• 인정자극의 의미에 대한 설명 • 인정자극의 종류와 에누리, 부정적 인정자극에 대한 설명 • 관계증진을 위한 인정자극 교환방법에 대해 설명하고 서로 교환하기		80분
종 결	• 제5회기 정리 및 소감 나누기 • 제6회기 안내 • 과제 안내		20분
유의사항			
기 타	• 〈활동자료 5-1〉〈활동자료 5-2〉〈활동자료 5-3〉		

(1) 준비(20분)

- 제4회기 때의 교류패턴 분석에 대해 점검한다.
- 제5회기 교육내용과 진행방법에 대해 소개한다.

(2) 활동(80분)

〈진행방법〉

- 강의식, 토의식

〈강의내용〉

◉ **인정자극의 의미**

• 태어난 후 중요한 타인, 즉 부모 등의 주변에서 인정자극을 얼마나 어떻게 주느냐에 따라 심리적으로 성장하느냐 않느냐가 결정된다.

◉ **인정자극의 종류**

• 신체적 인정자극과 언어적 인정자극

  – 신체적 인정자극: 사람을 안아 주거나 머리를 쓰다듬거나, 등을 토닥거리거나, 손을 잡아 주거나 하는 신체의 직접적인 인정자아의 접촉이다.

  – 언어적 인정자극: 타인에게 칭찬을 하거나, 꾸중을 하는 말 등

• 긍정적 인정자극과 부정적 인정자극

  – 긍정적 인정자극: 자신과 타인 간의 적절한 이해와 평가, 경우에 따라 합당한 칭찬과 승인, 마음을 주고받는 사랑의 행위 등을 포괄한다.

  – 부정적 인정자극: 신이나 타인의 부정성을 유발시키는 자극으로 자신이나 타인이 지니고 있는 중대한 문제를 대단치 않은 일로 묵살해 버리거나 문제의 의미를 일부러 왜곡하는 것으로 관심의 결핍이나 잘못된 관심에서 유발된다.

• 조건적 인정자극과 무조건적 인정자극

  – 조건적 인정자극: 특정의 행위에 대해서 하는 긍정적 또는 부정적, 언어적 또는 신체적 인정자극

  – 무조건적 인정자극: 자신이나 타인의 존재 자체에 대해서 발신하는 것

    예) 1. 아빠는 너를 좋아한다(언어적인 긍정적 무조건적 인정자극).

       2. 아무 말도 안 하면서 살며시 안아 주는 것(신체적인 긍정적 무조건적 인정자극)

       3. 더 이상 말하기 싫다. 그만하자(언어적인 부정적 무조건적 인정자극).

◉ **에누리와 부정적 인정자극**

• 에누리(discount): 교류분석에서는 이것을 '경시'라든가 '과소평가'라는 의미다.

• 교사가 학생에게 범하기 쉬운 에누리의 네 가지 유형이다.

- 첫째, 문제 존재 그 자체의 에누리로서 파티에 초대받지 못한 학생에 대하여 "생일잔치에 초대 못 받은 것 가지고 뭘 그래, 다른 재미있는 것이 얼마든지 있는데."
- 둘째, 문제의 중요성 에누리로서 "그런 것은 대단한 일이 아니잖아!"
- 셋째, 문제의 해결 가능성 에누리로서 "너같이 친구들하고 잘 어울리지 못하는 애를 누가 초대하겠니?"
- 넷째, 원조하는 자기 자신의 능력 에누리로서 "유감이지만 나는 아무것도 해 줄 수가 없구나."
- 무인정자극도 에누리가 되어 건강하지 않는 관계로 발전할 수 있다.

◉ 인간관계 증진을 위한 인정자극 교환방법

- 상호 긍정적 인정자극 교환하기
- 인정자극 경제법칙(다섯 가지) 타파하기
  - 주어야 하는 인정자극이 있어도 그것을 타인에게 주어서는 안 된다.
    → 주어야 하는 인정자극이 있으면 그것을 타인에게 주라.
  - 원하는 인정자극을 타인에게 요구해서는 안 된다.
    → 원한다면 인정자극을 타인에게 요구하라.
  - 원하는 인정자극이 와도 받아들여서는 안 된다.
    → 원하는 인정자극이 오면 받아들이라.
  - 원하지 않는 인정자극이 왔을 때에는 그것을 거부해서는 안 된다.
    → 원하지 않는 인정자극이 왔을 때에는 그것을 거부하라.
  - 자기 자신에게 인정자극을 주어서는 안 된다.
    → 자기 자신에게 인정자극을 주라.

〈준비물〉

- PPT 자료
- 〈활동자료 5-1〉 〈활동자료 5-2〉 〈활동자료 5-3〉

(3) 마무리(20분)

- 제5회기 정리 및 소감 나누기를 한다.
- 제6회기를 안내한다.
- 과제를 안내한다.
  - 부모가 나에게 주었던 명령들에 대해 적어 오기

활동자료 5-1	인정자극 자기조사표

1. 당신이 받은 인상 깊은 인정자극을 구체적으로 쓰십시오.

	누구에 대해	언 제	어느 장소에서	어떤 인정자극을	이에 대한 느낌
+ 인 정 자 극					
- 인 정 자 극					

2. 평상시 타인에게 자주 주는 당신의 인정자극을 구체적으로 적어 봅시다.

	누구에 대해	언 제	어떤 인정자극을	이에 대한 타인의 반응	자기의 기분
+ 인 정 자 극					
- 인 정 자 극					

활동자료 5-2	인정자극

타인과의 관계에 있어 긍정적 언어적 · 비언어적 인정자극과 부정적 언어적 · 비언어적 인정자극 사례를 각각 들어 보고 느낌을 나누어 봅시다.

인정자극	언어적	비언어적
긍정적		
부정적		

활동자료 5-3	적극적 경청법

각 그룹별 토의를 통해 정답을 결정합니다.

1. 적극적 경청법이란?
   ① 상대의 이야기 속에서 모순이나 과오를 찾아내는 청취방법이다.
   ② 상대에 대해 될수록 많은 정보를 수집하기 위한 청취방법이다.
   ③ 상대 이야기의 내용과 배후에 있는 감정을 잘 이해하고 공감하는 청취방법이다.
   ④ 상대의 이야기 내용이나 줄거리를 잘 이해하기 위한 청취방법이다.

2. 적극적인 경청법을 위해 중요한 것은?
   ① 상대를 위로해 주는 마음가짐이다.
   ② 상대를 한 사람의 인간으로서 존중하는 태도다.
   ③ 상대를 손상시키지 않도록 배려하는 것이다.
   ④ 자기 입장을 지키고자 하는 태도다.

3. 적극적 경청을 한다는 것은?

　① 상대방에게 작용하여 상대를 변화시키는 방법이다.

　② 자신 및 상대방의 기본적인 가치관이나 인생관에 변화를 가져올 수 있는 방법이다.

　③ 상대가 하고 싶은 말은 무엇이든 말할 수 있도록 하여 상대의 기분을 상쾌하게 하는 방법이다.

　④ 상대의 마음속에 자기가 믿음직하다는 마음을 갖게 하는 방법이다.

4. 상대와 이야기할 때 자기감정 표현은?

　① 무엇이든 솔직하게 표현할 필요가 있다.

　② 될수록 억제하는 것이 좋다.

　③ 좋은 감정일 때는 솔직하게 표현할 필요가 있다.

　④ 나쁜 감정은 솔직하게 표현하는 것을 피하는 것이 좋다.

6) 제6회기: 되풀이되는 관계방식

목표	• 나와 배우자의 심리게임의 특징을 알아본다.		
단 계	내 용	준비물	시 간
도 입	• 지난 회기 점검 • 프로그램 목표 및 프로그램 과정 소개 • 심리게임과 드라마 삼각형에 대한 설명		20분
전 개	• 심리게임과 드라마 삼각형의 정의 • 자신의 심리게임 찾아보기 • 드라마 삼각형의 3개 역할 이해하기 • 심리게임 사례 나누기	- A4용지, 볼펜 - 동영상(드라마) 시청	80분
종 결	• 제6회기 정리 및 소감 나누기 • 제7회기 안내 • 과제 안내		20분

유의사항	• 사례 나누기에 적극적으로 참여하도록 한다.
기 타	• 〈활동자료 6-1〉 〈활동자료 6-2〉 〈활동자료 6-3〉

(1) 준비(20분)

- 제5회기 때의 경청방법에 점검한다.
- 제6회기 교육내용과 진행방법에 대해 소개한다.

(2) 활동(80분)

〈진행방법〉

- 강의식, 토의식

〈강의내용〉

◉ **심리게임의 의미**

- 일반적으로 게임이라 하면 대부분이 즐겁고 유쾌한 시간을 보내는 방식을 생각하지만 교류분석에서 말하는 게임은 심리게임으로서 사람들에게 불쾌한 감정을 주는 것이다.
- 인간이 게임을 하는 것은 애정이나 인정자극을 얻기 위한 수단이고 시간을 구조화하는 방법의 하나이며, 게임은 각자의 기본적 감정(라켓)을 지키기 위해서 연출된다.

◉ **Eric Berne의 게임 진행 공식**

$$C \;+\; G \;=\; R \;\to\; S \;\to\; X \;\to\; P \cdot O$$

Con   Gimmick   Response   Switch   Crossed-up   Pay-off

초대자   +   수락자   =   반응   →   전환   →   혼란   →   결말

◉ **심리게임의 특징**

- 심리게임은 반복적이다.
- 심리게임은 어른(A) 상태의 의식이 없이 연기된다.
- 심리게임은 항상 연기자들이 라켓감정을 경험하면서 끝이 난다.
- 심리게임은 연기자들 사이에서 이면교류의 교환을 수반한다.
- 심리게임은 항상 놀라움과 혼란의 순간을 포함하고 있다.
- 심리게임은 각본 신념을 강화시킨다.
- 심리게임은 인생태도를 정당화시킨다.
- 심리게임은 불건전한 공생을 유지하기 위한 하나의 시도이거나 그러한 공생에 대한 화난 반응이다.
- 심리게임은 세상으로부터 무엇을 얻으려는 어린이(C)의 최선의 전략을 나타낸다.

◉ **드라마 삼각형에 의한 게임분석**

- 드라마 삼각형은 생활에서 심리게임을 하고 있는 자신과 타인 간의 관계 틀을 설명해 준다.
- 다음 그림에서 볼 수 있듯이 드라마 삼각형은 '박해자' '희생자' '구원자'의 세 개 역할로 구성된다.

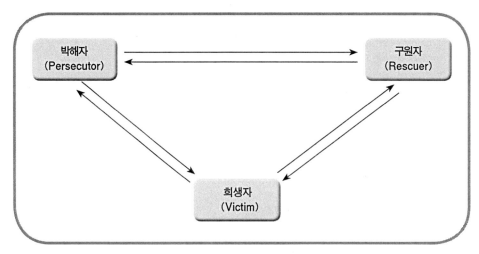

[그림 4-2] 드라마 삼각형

- 박해자: 두 사람 혹은 그 이상의 인간관계 속에서 주도권을 쥐고 있는 자로 서 지배적인 힘을 발휘하고 상대의 행동을 억압하거나 지시한다. 새디즘적 잔인성을 갖고 희생자를 학대하거나 벌하거나 규율을 강조하는 사람이다. 주로 CP가 연출하는 역할이다.
- 희생자: 대립되는 인간관계에 있어서 그 힘의 균형을 유지하기 위해서 희생 되는 자를 말한다. 실제로는 일에 부적임이기 때문에 인종, 성별, 신조 등의 이유에서 거절받는다고 거짓된 주장을 하는 사람이다. 주로 AC가 관여하고 있다.
- 구원자: 희생자를 원조하거나 박해자를 지지하거나 하면서 친절한 것처럼 겉치레로 타인을 자신에게 의존하게 하는 사람이다. 화해를 시키거나 관대 한 태도를 보이며, 때로는 상대편을 자신에 의존시키려는 과보호적 역할도 연출하며, 때로는 호인이 되기도 한다. 주로 NP가 연출하는 역할이다.

◉ 심리게임을 중단하는 방법

- 심리게임의 시작에 주의하고 그것을 피한다.
- 라켓감정과 행동과의 관계를 객관적으로 관찰한다.
- '드라마 삼각형'의 세 가지 역할을 어느 정도 연출하지 않도록 한다.
- 기존 교류패턴을 바꾸어 본다.
- 결말을 생각하고 그것을 철저히 회피하는 수단을 구체적으로 강구한다.
- 비생산적인 시간을 오래 보내지 않는다.
- 다른 사람과의 관계를 풍부하게 하고 자기인지의 기회를 증가시킨다.
- 긍정적 인정자극을 교환하고 서로 유쾌한 시간을 갖도록 한다.

◉ 사례 나누기

- 〈활동자료 6-1〉과 〈활동자료 6-2〉에 각자의 사례를 작성하고 이야기한다.

〈준비물〉

- PPT 자료
- 〈활동자료 6-1〉 〈활동자료 6-2〉 〈활동자료 6-3〉

(3) 마무리(20분)

- 제6회기 정리 및 소감 나누기를 한다.
- 제7회기를 안내한다.
- 과제를 안내한다.

활동자료 6-1   심리게임 사례 나누기

심리게임	사 례	느낀 점
박해자		
구원자		
희생자		

활동자료 6-2   심리게임 중단 사례 나누기

심리게임	사 례	느낀 점
중단방법		

활동자료 6-3	최근 심리게임 사례를 도표에 적용해 보자.

목 적	
초대자	
수락자	
반 응	
전 환	
혼 란	
결 말	

7) 제7회기: 친밀감의 열쇠

목표	• 인생각본이 나의 삶과 부부의 삶에 주는 영향에 대해 알아본다. • 시간을 유효하게 활용하여 바람직한 시간을 재구성하도록 한다.		
단 계	내 용	준비물	시 간
도 입	• 지난 회기 점검 • 프로그램 목표 및 프로그램 과정 소개		20분

전 개	• 인생각본의 개념과 형성에 대한 설명
	• 승자각본과 패자각본을 비교함으로써 각본진단을 해 보기
	• 각본 질문지를 작성하면서 각본모형 작성하기
	• 행복해지기 위한 시간의 구조화에 대한 설명
	• 부부헌법 만들기
		- 활동자료 준비
		  필기구, A4 용지
		- 부부의 다짐을
		  작성할 도화지
			80분

종 결	• 제7회기 정리 및 소감 나누기 • 제8회기 안내		20분
유의사항	• 어렵지 않게 예시를 들어 설명하고 작업하도록 한다.		
기 타	• 〈활동자료 7-1〉〈활동자료 7-2〉〈활동자료 7-3〉		

(1) 준비(20분)

- 제6회기 때의 심리게임에 대해 점검한다.
- 제7회기 교육내용과 진행방법에 대해 소개한다.

(2) 활동(80분)

〈진행방법〉

- 강의식, 토의식

〈강의내용〉

◉ **인생각본의 의미**

인생각본이란 어린 시절에 만들어지고, 부모에 의해 강화되며, 후속 사건에 의해 정당화되며, 양자택일 선택의 순간에 절정에 달하게 되는 무의식적 인생계획을 말한다.

◉ **인생각본의 장치와 법칙**

• 인생각본의 장치

  - 결말: 일반적으로 운명이라고 부르는 것이다.

  - 금지령: '존재해서는 안 된다.' '남자(여자)여서는 안 된다.' '아이들처럼 즐겨서는 안 된다.' '성장해서는 안 된다.' '성공해서는 안 된다.' '실행해서는 안 된다.' '중요한 인물이 되어서는 안 된다.' '모두의 무리 속으로 들어가서는 안 된다.' '사랑해서는 안 된다.' 등

  - 유발자극: 당신을 결말로 모는 행동을 억지로 도발하는 작용이다.

    예) 알코올 의존증 환자에게 들리는 '한 잔 정도 마셔도 아무 일도 없을 거야.'라고 하는 유혹의 속삭임

  - 대항각본: 얼핏 보아 금지령에 대항하는 것과 같은 슬로건을 내걸면서 실제로는 각본의 진행에 가담하는 작용을 말한다.

  - 행동범례: 부모의 '어른 자아'에서 자녀의 '어른 자아'로 향하여 보이는 행동모델

  - 각본충동: 각본으로부터 탈출을 바라며 노력하고 있는 사람이 도중에 중요한 단계에서 완전히 역전현상을 나타내어 다시 본래의 각본으로 돌아가게 되는 것이다.

  - 내적 해방: 금지령에서 해제하고 각본에서 자유롭게 하는 힘이다.

• 인생각본의 법칙

  - 초기 부모의 영향 → 프로그램 → 순응 → 중요한 행동 → 결말

• 각본메시지와 각본모형

  - Steiner의 각본모형

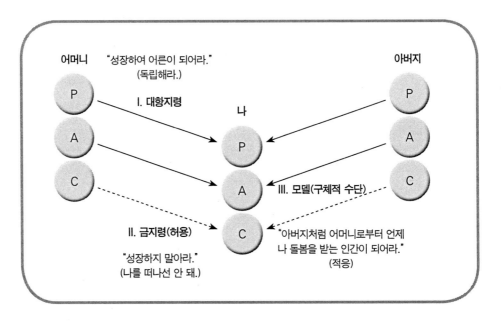

[그림 4-3] 인생각본의 모형

- 축소각본
  - 짧은 시간에 일어나는 일련의 행동패턴이며, 인생각본을 강화하는 것이라고 정의한다.

◉ **승자각본의 사람과 패자각본의 사람**
- 승자각본의 사람 특징
  - 자아존중감이 강하며 자신의 독특성을 이해하고 그것을 실현하며 열등감이나 우월감이라는 비현실감인 자아상을 벗어 버린다.
  - 자율적이며 타인에게 귀를 기울인다.
- 패자각본의 사람 특징
  - 과거의 기억이나 미래의 불안에 사로잡혀 있으며 주인의식이 결여되어 있다.
  - 의존적·수동적이며 친밀적이지 못하다.

◉ **시간의 구조화 → 행복한 시간으로의 구조화**

인간이 행복을 추구하기 위해 자신이 타인과 어떻게 시간을 사용하는가를 보는 것이다. 6개의 범주로 분류하여 본인 스스로 시간을 어떻게 사용하는가를 알아서 의식화함으로써 보다 바람직한 시간을 재구성하는 것을 목표로 한다.

- 폐쇄: 신체적 혹은 심리적으로 자신을 타인으로부터 거리를 두고 혼자만의 시간을 가짐으로써 인정자아를 얻는 방법이다.
  - 적당한 폐쇄를 통해 정신적 · 신체적 안정을 취하고 자기성장을 위한 성찰의 시간을 가질 수 있을 것이다.
- 의식: 생활에서 만들어진 전통이나 관습에 의해 프로그램된 단순한 정서적 교류로 일상의 사회적 상호작용이다.
  - 마치 이전에 프로그램된 것처럼 진행되는 일상의 사회적 상호작용이기 때문에 구조화되어 있는 의식의 틀 속에서 긍정적인 인정자극을 사람들과 쉽게 나눌 수 있을 것이다.
- 활동: 생활에서 일어나는 대부분의 일들로, 이 시간의 구조화는 많은 사람이 사용하고 있는 무리 없는 방법이며 편리하고 실용적이다.
  - 폐쇄를 제외한 네 개의 시간의 구조화 중 핵심적인 것으로, 이 시간의 구조화를 잘한다면 사람들은 안정적이고 효율적으로 삶의 목적을 달성할 수 있을 것이다.
- 잡담: 가벼운 피상적인 대화와 같은 것이다. 목욕탕, 노인정, 시장, 실내외 등에서 시간을 보내는 방법으로 잡담을 활용한다.
  - 스트레스를 해소할 수 있고 타인과 인간적인 교류를 할 수 있을 것이다.
- 심리게임: 어떤 이유에서든지 솔직하게 인정자아를 얻을 수 없고 비뚤어진 형태로 그것을 얻으려는 사람들에게 보이는 교류양식이다.
  - 심리게임에 들어갔더라도 알아차림을 통해 빨리 벗어나고 승화와 초월을 할 수 있도록 깊은 통찰이 필요할 것이다.
- 친밀: 사람들이 서로 신뢰하고 상대에 대하여 서로 순수한 배려를 행하는 관계다.
  - 친밀할 때 에누리 없이 의사소통을 잘할 수 있다.

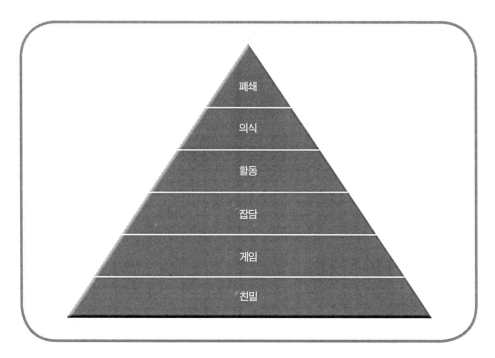

[그림 4-4] 시간 구조화에 의한 인정자극 교환밀도

◉ **활동하기**

• 각자 각본 질문지와 모형을 작성한다.

• 시간의 구조화 활동자료를 작성한다.

• 각자 자신의 것을 돌아가면서 발표한다.

〈준비물〉

• PPT 자료

•〈활동자료 7-1〉〈활동자료 7-2〉〈활동자료 7-3〉

(3) 마무리(20분)

• 제7회기 정리 및 소감 나누기를 한다.

• 제8회기를 안내한다.

활동자료 7-1	간편 각본 질문지

각본 질문지를 작성해 보고 그것들을 취합하여 각본모형을 작성해 봅시다.

• 당신은 어떤 사람입니까?

_____

• 당신의 어머니/아버지를 설명하는 다섯 단어를 적어 보세요.

_____

• 당신의 어린 시절 어머니/아버지가 당신에게 화났을 때, 당신은 무엇을 하고 있었습니까?

_____

• 당신이 어린 시절 무엇을 했을 때 부모님이 기뻐했나요?

_____

• 당신의 부모가 자서전을 쓰게 되어서 당신이 그것의 제목을 붙여야만 한다면 그 제목은 무엇이 될까요?

_____

• 당신의 가족이 당신의 출생에 대해 어떤 이야기를 하는 것을 들었습니까?

_____

• 당신은 언젠가 자신이 자살하거나, 타인을 해치거나, 혹은 미쳐 버릴 것이라고 생각한 적이 있습니까?

_____

• 당신의 비석에는 무엇이라고 쓰여 있을까요?

_____

• 일이 잘못될 때 당신은 보통 어떻게 느낍니까?

_____

• 당신이 현재 상태를 계속 유지한다면 당신은 5년 후에 어떻게 되어 있을까요?

_____

• 당신이 마법의 소원을 빌 수 있다면 어떻게 또는 무엇을 변화시킬 것입니까?

_____

| 활동자료 7-2 | 각본모형 |

• 대항지령(대항각본 또는 사회 통용된 가치관)을 적어 보세요.

_____
_____
_____

• 금지령에 해당하는 불건전한 상황에서 발신하는 메시지를 적어 보세요.

_____
_____
_____

• 결론적으로 구체적인 수단을 적어 보세요.

_____
_____
_____

활동자료 7-3　시간의 구조화

　어제 하루 동안 가정에서 당신은 어떻게 시간을 구조화하였으며 개선한다면 어떻게 구조화를 시키고자 합니까?

◉ **가정에서 개선 전**

시간 구조화	사 례	비율(%)
폐쇄		
의식(의례)		
활동		
잡담(소일)		
심리게임		
친밀		

8) 제8회기: 아주 특별한 여행

목 표	• 제7회기까지의 과정을 거치면서 느꼈던 점을 바탕으로 배우자와 함께 남은 인생계획을 설계하도록 한다.		
단 계	**내 용**	**준비물**	**시 간**
도 입	• 지난 회기 점검 • 프로그램 목표 및 프로그램 과정 소개		
전 개	• 1일차 　- 댄스테라피(동작치료) 　- 편지 쓰기 　- 세족식 • 2일차 　- 포스트 미션 수행하기 　- 활동사진(제1~8회기) 동영상 시청 　- 소감 나누기 　- 안아 주면서 마무리	- 편지지, 편지봉투 - 수건 및 세숫대야 - 초 - 영화포스트 - 크리넥스 티슈	1~2 일차
종 결	• 전체 회기 정리 • 포스트 미션 발표(PPT) • 제1~8회기 동안의 활동사진자료 동영상 시청 • 둥글게 원을 그리며 서서 돌아가며 안아 주면서 마무리 인사		
유의사항			
기 타			

◉ **1일차(오후 3시부터 프로그램 시작)**

• 댄스테라피: 전문 강사 초빙(2시간 소요)

　- 의자를 대상자 수에 맞게 둥글게 정돈한다.

　- 복장은 편안한 차림으로 입고 프로그램에 참여하도록 한다.

- 편지 쓰기(저녁 식사 후 7시부터 진행)
  - 탁자에 부부끼리 앉게 한다.
  - 탁자 중앙에 하트모양의 하드보드지를 깔고 그 위에 하트모양으로 초를 배치한다.
  - 조명은 최대한 은은하게 하도록 한다.
  - 조용한 음악을 깔고 부부 서로에게 편지를 쓰도록 한다.
  - 편지 쓰기가 끝나면 자발적으로 편지를 공개할 부부를 두 팀 정도만 발표하도록 한다.
- 세족식
  - 조명은 그대로 둔 채 조용한 음악도 그대로 유지한다.
  - 부인이 의자에 앉고 남편이 먼저 부인의 발을 씻기도록 한다.
  - 흰 수건으로 발을 닦고 난 뒤 반대로 부인이 남편의 발을 씻기도록 한다.
  - 모두 끝난 뒤 부부가 서로 마주 보고 안아 주도록 한다(3분 정도 유지).

◉ **2일차(오전 식사 후부터 미션 시작)**

- 포스트 미션 수행하기
  - 식사가 끝난 후 두 부부씩 한 조가 되어 산책시간을 주어 포스트 미션을 나누어 주고 그대로 실행해서 사진을 찍어 오도록 한다.
- 스태프들은 부부가 찍은 사진을 송부받아 PPT를 만들어 두고 그동안의 사진자료들을 취합하여 동영상을 제작해 놓는다.
- 모두 모여서 포스트 미션을 수행한 사진을 보고 난 뒤 동영상을 시청하고 각자 돌아가면서 소감을 나눈다.
- 의자에서 모두 일어나 돌아가면서 안아 주고 난 뒤 박수로 마무리한다.

참고문헌

김명자(1989). 중년기 위기감 및 그 관련변인에 관한 연구. 이화여자대학교 박사학위논문.

김순옥, 노명숙, 박수선, 오윤자, 옥선화, 곽소현, 권미애, 김순기, 배선희, 송말희, 송현애, 이영자, 최희진, 한상금, 황정해(2011). 가족생활교육 (한국가족상담교육연구소편). 경기: 교문사.

김춘경, 최웅용(2005). 집단상담기법. 서울: 시그마프레스.

서초구립 반포종합사회복지관, 서울대학교 실천사회복지연구회(2012). 실천가와 연구자를 위한 사회복지척도집. 서울: 나눔의 집.

오명선(2010). 교류분석 집단미술치료가 부부친밀감과 의사소통에 미치는 효과. 영남대학교 대학원 박사학위논문.

우재현(2010). 임상교류분석(TA) 프로그램. 경북: 정암서원.

우재현(2011). 심성개발을 위한 교류분석(TA) 프로그램. 경북: 정암서원.

정현숙(2012). 가족생활교육. 서울: 신정.

중앙건강가정지원센터(2008). 중년기 가족생활 프로그램 기획 및 운영교육.

최규련(1988). 한국도시부부의 결혼만족 요인에 관한 연구. 고려대학교 대학원 박사학위논문.

최영일(2011). TA이론의 실제와 자기분석. 광주: 꿈꾸는 씨앗.

최영일(2012). 교류분석 강의지침서 II. 광주: 꿈꾸는 씨앗.

최영일(2013). CKEO그램 성격검사지, 해설지. 한국이고오케이그램연구소.

| 제5장 | '나랑 결혼해 줄래?' 예비부부 프로그램 |

1. 프로그램의 필요성과 의의

지금 우리 사회는 전통적인 가족제도의 급격한 변화와 핵가족, 다양한 가족으로의 변화를 겪고 있는 중요한 시기다. 또한 인식의 변화와 시대적 변화에 따라 이혼에 대한 부정적 사고가 줄어들고 있는 현실에 즈음하여 가정생활, 특히나 부부관계의 어려움을 극복하기보다는 결혼생활을 어렵게 생각하고 이혼하고자 하는 부부가 늘고 있는 것도 사실이다.

많은 기혼자가 부부관계 및 결혼생활의 어려움을 경험하고 호소하며, 이로 인해 이혼을 선택하는 경우도 많아지고 있다. 부부 사이의 불화는 통계청 결과에서도 알 수 있듯이 2011년 32만 쌍이 결혼하고 11만 4천 건의 이혼으로 인해 조이혼율이 2.3%를 보이는 것은 세계에서 찾아보기 힘든 경우임을 알 수 있다. 출산율의 저하로 인한 국가의 어려움 또한 날이 갈수록 증가하고 있는 형편이다.

현재 발생하고 있는 사회현상이나 통계학적 결과를 보았을 때 결혼 이후의 생활보다 결혼 전 준비와 예비부부를 위한 교육과 준비의 중요성이 증가하고 있는 상황이며, 발생할 수 있는 갈등의 상황과 여러 가지 삶의 문제들을 미리 점검하고 부부관계의 건강한 삶과 소통, 만족도를 높이기 위한 대안이 절대적으로 필요한 시기라는

데 동감한다. 결혼준비 교육을 통해 갈수록 늘어나는 가족해체와 가족의 갈등, 불화를 예방함으로써 현대 한국 가족사회의 문제점과 어려움을 해결하는 데 조금이나마 기여하고자 한다.

이 프로그램은 가족 내 불화와 갈등으로 이혼이 증가하고, 가족이 붕괴되고 해체되는 어려운 시기에 결혼을 준비하면서 겪을 수 있는 어려움을 결혼하기 전 배움의 기회를 통해 한 가정을 살리고, 사회, 나아가 국가의 경쟁력과 발전을 이룩하는 데 기여할 것으로 본다.

행복한 결혼생활을 위해 서로를 위한 여정과 배움, 건강한 결혼생활을 유지하기 위한 지식과 기술의 습득, 이것이 예비부부를 위한 교육의 지름길이라 생각한다. 이와 같은 필요성과 의의에 따라 예비부부교육 프로그램을 진행하고자 한다.

1) 프로그램 목적

이 프로그램은 예비부부를 대상으로 서로를 이해하고, 만족스러운 결혼생활 준비 과정을 통해 결혼생활의 의미를 찾는 과정이다. 특히 부부관계에서 발생할 수 있는 문제와 갈등의 대처방법을 학습한다. 예비부부들이 관계 기술이나 방법을 습득하여 안정되고 행복한 가정을 이루게 하는 데 그 목적을 둔다.

2) 프로그램 목표

- 결혼으로 발생할 수 있는 여러 가지 갈등을 미리 인지하고 계획한다.
- 결혼을 기점으로 심리적 · 사회적 · 경제적 독립을 이루는 방법을 습득한다.
- 갈등 발생요인 파악 및 의사소통 기술 등 대처방법을 습득한다.
- 결혼 준비과정을 통해 바람직하고 행복한 부부생활을 준비한다.

3) 프로그램 운영방법

- 대상: 예비부부 10~12쌍
- 기간: 주 1회, 1회당 시수 2시간, 총 7회, 총 14시간

2. 프로그램의 구성

영역	회기	주제	활동내용		시간
초기	1	나와 너 이해하고 성장하기 1	• 자기 및 커플 소개(별명, 나의 소개 등) • 교류분석의 의미와 나의 자아탐색 • 검사를 통한 자기 및 커플 확인	CKEO그램	2
	2	나와 너 이해하고 성장하기 2	• CKEO그램 검사를 통한 자기 및 커플 이해 • 자아구조 분석과 자아기능 분석 • 인생태도 이해하기 • 자아상태 확인 및 커플 탐색	CKEO그램	2
중기	3	마음의 비타민 나누기	• 인정자극을 신체적 · 언어적 · 조건적 · 무조건적 유형과 사례를 찾아 발표 • 인정자극 교환방법 익히기: 타이밍, 양 · 질적 교환방법 훈련	인정자극 프로파일	2
	4	효과적인 의사소통	• 교류패턴 분석에 의한 의사소통 활성화 – 상보교류, 교차교류, 이면교류 • 과녁 맞히기	교류패턴 (상보/교차/이면)	2
	5	성장과정 이해하기	• 인생각본의 이해 • 축소각본, 금지령, 자율시스템 • 서로 다름 인정(분화와 통합, 독립)	인생각본	2
	6	결혼준비	• 항목별 결혼준비 예산편성 • 서로의 생각과 차이 확인, 예산절감 노하우 • 행복한 결혼생활을 위해 시간을 구조화하기	시간의 구조화	2
종결	7	행복한 결혼생활 레시피	• 결혼준비를 마치며 가족공동화 작업 • 전체 회기 나눔을 통한 결혼준비 현실화	상보교류 나눔활동	2

3. 프로그램의 실제

1) 제1회기: 나와 너 이해하고 성장하기 1

목 표	• 지도자와 참가자의 신뢰감을 형성한다. • 참가자 간 친밀감을 형성한다. • 프로그램의 목표와 과정의 흐름을 안다.		
단 계	내 용	준비물	시 간
도 입	• 진행자 소개 • 프로그램 진행과정 소개 　- 회기, 시간, 진행방법	- PPT 자료	20분
전 개	• 우리 커플은 이렇게 만났어요. • 나는 어떤 사람일까? 　- 별칭 정하기(규칙: 별칭으로 부르기) 　- 나를 꽃으로 비유한다면? 　- 나에게 참 고마운 사람은? 　- 내 인생에서 행복한 3대 뉴스는? 　- 나를 자랑한다면?	- 〈활동자료 1-1〉	80분
	• 전 회기 프로그램 안내 　- 전체적인 프로그램의 흐름을 설명 • 교류분석이란? 　- 자신, 타인, 환경과의 사이에서 이루어지고 있는 　　교류를 분석하는 것 　- 목적은 자율적 인간, 자율성 회복 　- 목표는 P, A, C를 적절히 기능하고 심리게임에서 　　벗어나고 자율적으로 기능	- PPT 자료, 교재	
	• 나의 자아상태 탐색 　- CKEO그램 검사하기 　- 작성방법 설명	- CKEO그램 검사 　용지	
종 결	• 제1회기 정리 및 소감 발표 • 제2회기 활동 안내 　- 자아의 구조와 기능 분석		20분

유의사항	• 전체적인 흐름을 파악할 수 있도록 설명한다. • 적극적인 참여가 되도록 분위기를 형성한다. • 라포형성이 잘 이루어질 수 있도록 한다.
기 타	

(1) 준비(20분)

- 진행자를 소개한다.
- 이 프로그램 목적 및 진행과정을 설명한다.

(2) 활동(80분)

〈진행방법〉

- 강의식, 집단토의식

〈강의내용〉

◉ **우리 커플은 이렇게 만났어요.**

- 나의 파트너의 매력과 동기

　나의 파트너는 _____ 매력을 지녔습니다.

　나의 파트너는 _____ 매력을 지녔습니다.

　나의 파트너는 _____ 매력을 지녔습니다.

- 나는 결혼을 _____이라고 생각합니다. 왜냐하면……
- 내가 결혼하고자 하는 동기는?

　나는 _____ 하기에 결혼하고자 합니다.

　나는 _____ 하기에 결혼하고자 합니다.

　나는 _____ 하기에 결혼하고자 합니다.

- 이러한 동기로 인해 나는 _____와 결혼하고자 합니다.

◉ **나는 어떤 사람일까**

- 나의 소개 〈활동자료 1-1〉 내용을 작성한다.

- 자신의 별칭 정하기

- 나를 식물이나 꽃, 맛으로 비유한다면, 마음을 색깔로 표현한다면 등

- 내 인생에서 행복한 3대 뉴스

- 돌아가고 싶은 시절이 있다면, 나를 자랑한다면 등

• 활동자료를 중심으로 커플별로 돌아가면서 소개한다.

◉ **교류분석 의미와 나의 자아상태 분석**

• 교류분석이란?

- 의미: 자신, 타인, 환경과의 사이에서 이루어지고 있는 교류를 분석

- 목적: 자율적 인간, 자율성 회복

- 목표

→ P, A, C 적절히 기능

→ 심리게임에서 벗어남

→ 자율각본으로 바꿈

• 자아상태 이해하기(세 가지, 다섯 가지): 어버이 자아(P), 어른 자아(A), 어린
이 자아(C)

- 어버이 자아(P): CP/NP

→ 부모와 같은 행동, 가르침

→ CP(통제적 어버이): 비판적, 지배적, 관용적

→ NP(양육적 어버이): 과보호적, 헌신적, 방임적

- 어른 자아(A)

→ 현실적인 판단 행동, 이성적, 객관적

→ A(어른 자아): 기계적, 현실적, 즉흥적

- 어린이 자아(C): FC/AC

→ 감정적인 행동

→ FC(자유스러운 어린이): 폐쇄적, 개방적, 자기도취적

→ AC(순응적 어린이): 독단적, 의존적, 자기비하적

• 나의 자아상태 알아보기

- CKEO그램 검사하기(작성방법 설명)

〈준비물〉

- 교류분석 설명 PPT 자료, 교재
- 〈활동자료 1-1〉
- CKEO그램 검사용지

(3) 마무리(20분)

- 제1회기 정리 및 소감을 발표한다.
- 제2회기 활동을 안내한다.
  - 자아의 구조와 기능 분석

활동자료 1-1   **나는 어떤 사람일까?**

자신이 불리고 싶은 것, 자신의 특징을 별칭으로 지어 보세요.
다음 활동자료의 내용을 읽으신 후 빈칸을 적어 보세요.
커플별로 돌아가면서 나를 소개해 보세요.

별 칭		고 향	
이 별칭을 정하게 된 이유		내가 돌아가고 싶은 시절이 있다면?	
나를 식물이나 꽃에 비유한다면?		나에게 참 고마운 사람은?	
나를 맛으로 표현한다면?		나에게 요즘 꼭 필요 한 것이 있다면?	
나의 마음을 색깔로 표현한다면?		내 인생에서 행복한 3대 뉴스는?	
나의 신체적 매력은?		나를 자랑한다면?	
나의 재능(솜씨)은?		내가 가장 후회하거나 억울한 일이 있다면?	

2) 제2회기: 나와 너 이해하고 성장하기 2

목 표	• CKEO그램을 통해 자기의 인생태도를 점검한다. • 자신의 자아구조와 자아기능을 이해한다. • 자아상태 이해(CP, NP, A, FC, AC)		
단 계	**내 용**	**준비물**	**시 간**
도 입	• 제1회기 교육을 간단히 요약하여 설명 • 제2회기 교육내용과 진행방식에 대해 소개	- PPT 자료	20분
전 개	• CKEO그램 검사내용 분석 - 자아구조 이해하기 - 자아구조 분석과 자아기능 분석을 통하여 자아상태를 분석하기 - 가장 활성화된 자아기능과 낮은 자아기능 분석하기 • 자아상태 이해(세 가지, 다섯 가지) - 어버이 자아(P): CP(통제적)/NP(양육적) - 어른 자아(A) - 어린이 자아(C): FC(자유스러운)/AC(순응적)	- CKEO그램 검사용지	80분
	• 나의 인생태도 탐색 - 타인부정(U-), 타인긍정(U+) - 자기긍정(I+), 자기부정(I-) - 자신의 자타 긍·부정 상태 나누기 - 자신의 인생태도 계획	- PPT 자료, 교재	
종 결	• 제2회기 정리 및 소감 발표 • 제3회기 안내 - 인정자극과 친밀감 형성하기		20분
유의사항	• 이론은 간단히 설명하고, 나누기 중심으로 활동한다. • 검사 후 분석은 간단히 설명한다.		
기 타			

(1) 준비(20분)

- 제1회기 교육을 간단히 요약하여 설명한다.
- 제2회기 교육내용과 진행방식에 대해 소개한다.

(2) 활동(90분)

〈진행방법〉

- 강의식, 집단토의식

〈강의내용〉

◉ **자아상태 이해(세 가지, 다섯 가지)**

- 어버이 자아(P): CP/NP(부모와 같은 행동, 가르침)
    - CP(통제적 어버이): 비판적, 지배적, 관용적
    - NP(양육적 어버이): 과보호적, 헌신적, 방임적
- 어른 자아(A): 현실적인 판단 행동, 이성적, 객관적
    - A(어른 자아): 기계적, 현실적, 즉흥적
- 어린이 자아(C): FC/AC(감정적인 행동)
    - FC(자유스러운 어린이): 폐쇄적, 개방적, 자기도취적
    - AC(순응적 어린이): 독단적, 의존적, 자기비하적

◉ **나의 인생태도 탐색을 위한 CKEO그램 분석**

- 타인부정(U-), 타인긍정(U+)
- 자기긍정(I+), 자기부정(I-)
- 자신의 자타 긍 · 부정 상태 나누기
- 자신의 인생태도 계획

〈준비물〉

- 인정자극 설명 PPT 자료
- CKEO그램 검사용지

(3) 마무리(20분)

- 제2회기 정리 및 소감을 발표한다.
- 제3회기를 안내한다.
  - 인정자극과 친밀감 형성하기

3) 제3회기: 마음의 비타민 나누기

목 표	• 자신이 사용하는 인정자극과 관계형성 방법, 기술 이해 • 인정자극 에누리와 경제법칙 타파하기 • 부부관계 증진을 위한 인정자극과 친밀감 증진		
단 계	내 용	준비물	시 간
도 입	• 제2회기 교육을 간단히 요약하여 설명 • 제3회기 교육내용 및 진행방식에 대해 소개 • 좋은 관계형성에 대한 커플 경험 나누기	- PPT 자료, 교재	20분

전 개	• 인정자극 설명
	• 내가 자주 사용하는 인정자극
	  - 인정자극의 신체적, 언어적, 조건적, 무조건적 유형
	    과 사례, 발표
	• 인정자극과 에누리
	  - 에누리란 무엇인가?
	  - 에누리의 특성 이해
	• 인정자극 경제법칙 타파하기
	  - 인정자극 경제법칙 이해
	  - 인간관계 증진을 위한 인정자극 교환법
	  - 커플과 인정자극 경제법칙 타파 방법 찾기
		- PPT 자료, 교재,
		- 〈활동자료 3-1〉
		  〈활동자료 3-2〉
			80분

종 결	• 제3회기 정리 및 소감 발표 • 제4회기 활동 안내 - 교류패턴(상보교류, 이면교류, 교차교류) 분석		20분
유의사항	• 집단에서 진솔하게 표현한다. • 집단규칙을 지킨다.		
기 타			

(1) 준비(20분)

- 제2회기 교육을 간단히 요약하여 설명한다.
- 제3회기 교육내용 및 진행방식에 대해 소개한다.

(2) 활동(80분)

〈진행방법〉

- 강의식, 집단토의식

〈강의내용〉

◉ **생각해 보기**

- 나는 파트너로부터 _____ 때 친밀감을 느낀다.
- 파트너가 좋아하는 애정 표현방법은?
- 파트너가 싫어하는 애정 표현방법은?

◉ **인정자극이란**

- 인정자극, 신체접촉, 마음을 주고받는 행위
- 신체적, 언어적, 긍정적, 부정적, 조건적, 무조건적, 무인정자극
- 인정자극과 친밀감 형성에 경청이 필요한 이유는 무엇일까요?
  - 예비 배우자가 존중받고 있다는 것을 느낄 수 있습니다.
  - 예비 배우자의 현재의 욕구를 제대로 이해할 수 있습니다.
  - 예비 배우자가 말하는 내용뿐만 아니라 그 의도를 이해하고, 예비 배우자의 감정 등을 함께 느낄 수 있습니다.
  - 聽(들을 청) 자에 숨어 있는 뜻을 찾아보세요.

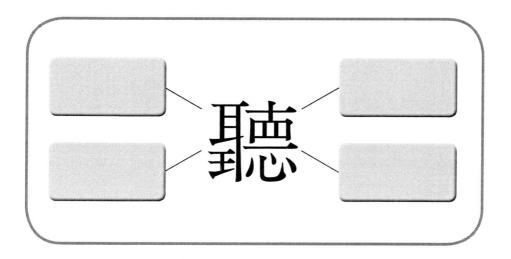

Tip. ●

聽(들을 청)에는 耳, 王, 目, 心 이 들어 있습니다. 이것은 귀를 기울이되 왕의 말을 듣
는 것과 같이 하고, 눈으로 보되 마음을 다하여 보라는 의미가 담겨 있습니다.

- 신체적 인정자극과 언어적 인정자극
  - 신체적 인정자극은 안아 주거나, 쓰다듬어 주거나, 등을 토닥거리거나, 손
    을 잡아 주는 신체접촉
  - 언어적 인정자극은 칭찬하는 말, 꾸중하는 말
- 긍정적 인정자극과 부정적 인정자극
  - 긍정적 인정자극은 이해와 평가, 칭찬과 승인, 마음을 주고받는 사랑 행위
    포괄, 자신과 타인의 의미, 정서, 지성을 갖추게 함. 긍정적 인정자극은 긍
    정적 인생태도를 이르게 함.
  - 부정적 인정자극은 상대방의 중대한 문제를 대단치 않은 일로 묵살하거나
    왜곡하며, 관심이 결핍되거나 잘못됨. 부정적 인정자극은 부정적 인생태도
    에 이르게 하며, 무인정자극보다는 나음.
- 조건적 인정자극과 무조건적 인정자극
  - 조건적 인정자극은 특별한 행위에 대한 긍정적 · 부정적 인정자극임.
    예) 장난치는 아이의 손을 때리는 것, 성적이 올라간 경우 칭찬해 주는 것 등

- 무조건적 인정자극은 조건 없이 존재 자체에 대해 인정하는 행위임.

예) 아빠는 너를 좋아해, 더 이상 말하기 싫다, 그만하자 등

◉ **인정자극의 유형별 특징**

구 분	신체적	언어적	조건적	무조건적
존재인지 (인간, 인식)	접촉에 의한 직접적 표현	말에 의한 간접적 표현	행위나 태도에 대해서 표현	존재나 인격에 대해서 표현
긍정적 (상대가 기분 좋게 느낀다.)	안아 준다. 손을 잡아 준다. 어깨를 쳐 준다.	칭찬과 격려의 말을 한다.	힘들었을 텐데 지각하지 않으려고 애써 줘서 고마워. 참 잘한 일이야.	내 생애에 너희들을 만난 것이 가장 큰 행운이야.
부정적 (상대가 기분 나쁘게 느낀다.)	때린다. 꼬집는다. 걷어찬다.	겨우 이것밖에 못해. 넌 늘 이런 식이지. 그럼 그렇지.	깨끗이 정리정돈하지 않으면 안 된다. 그 태도가 뭐야!	우리 말하지 말자. 이 교실에서 나가.

◉ **파트너와 인정자극 경험 나누기(〈활동자료 3-1〉)**
• 어렸을 때의 부모, 형제와의 인정자극 경험 나누기
• 현재의 나와 커플 간 인정자극 경험 나누기
• 2인 1조(파트너)로 경험 돌아가며 발표하기

◉ **인정자극과 에누리**
• 파트너와 좋은 관계를 가지려면 서로 인정자극을 아끼지 말고 주어야 한다.
• 에누리하지 않고 긍정적 인정자극을 풍부하게 주어야 원만한 인간관계를 가질 수 있다. 에누리는 화의 근원, 하는 일의 실제를 축소, 왜곡시키는 것이다. 예) '난 너희 집안이 그 정도밖에 안 된다는 걸 알아.'

◉ **인정자극 경제법칙 타파하기**
• 우리는 인정자극이 필요할 때 자유롭게 요구할 수 있으며, 인정자극이 제공

될 때 그것을 즐겁게 받을 수 있다. 하지만 원치 않을 때는 거절할 수 있다.
- 대부분이 어린 시절 부모의 억압으로 인정자극 교환을 제한하고 있다. 그러나 성인이 되어 우리는 이러한 결단을 재평가할 수 있고 원한다면 그 결단을 바꿀 수 있다.
- 인정자극 경제법칙
  - 주어야 하는 인정자극을 주어서는 안 된다.
  - 원하는 인정자극을 요구해서는 안 된다.
  - 원하는 인정자극이 와도 받아들여서는 안 된다.
  - 원하지 않는 인정자극이 왔을 때 거절해서는 안 된다.
  - 자기 자신에게 인정자극을 주어서는 안 된다.

◉ **예비부부 관계증진을 위한 인정자극 교환방법**
- 주어야 하는 인정자극을 주라.
  - 당신이 청소를 깨끗이 해 주니 좋아요.
- 원하는 인정자극을 요구하라.
  - 당신이 우리 부모님에게 예의 바르게 행동했으면 좋겠어.
- 원하는 인정자극이 왔을 때 받아들이라.
  - 당신이 나를 그렇게까지 생각해 주니 고마워요.
- 원하지 않는 인정자극이 왔을 때 거절하라.
  - 고맙지만, 이일은 내가 할 일이니 당신 할 일 하세요.
- 자기 자신에게 인정자극을 주라.
  - 이 정도면 나는 대단한 거야.

〈준비물〉
- 인정자극과 에누리, 경제법칙 타파 설명 PPT 자료
- 〈활동자료 3-1〉〈활동자료 3-2〉

(3) 마무리(20분)
- 제3회기 정리 및 소감을 발표한다.

- 제4회기 활동을 안내한다.
  - 교류패턴 분석하기(상보교류, 교차교류, 이면교류)

활동자료 3-1	파트너와 인정자극 경험 나누기

파트너가 좋아하는 인정자극은?		파트너가 싫어하는 인정자극은?	

구 분	인정자극 내용
어린 시절 부모, 형제와의 인정자극 경험은?	
현재 파트너와 주로 사용하는 인정자극은 무엇인가요?	
파트너로부터 받고 싶은 인정자극은 무엇인가요?	

활동자료 3-2	인정자극 경제 5법칙 타파 방법

인정자극 경제 5법칙을 타파하기 위한 방법을 적어 보자.

1. 내가 인정자극 경제 5법칙 중 어느 법칙을 따르고 있는지 적어 보자.

_____

_____

_____

_____

_____

2. (　　)번 법칙을 타파하려면 어떻게 해야 하는지 구체적으로 적어 보자.

_____

_____

_____

_____

_____

3. 커플과 2인 1조로 나눔을 해 보자. 내가 평소 타인을 대할 때 어떤 인정자극 필터 (선택적으로 걸러 냄)를 갖고 있었는지 적어 보자.

_____

_____

_____

_____

_____

4) 제4회기: 효과적인 의사소통

목 표	• 자신의 일상생활 속 주고받는 교류패턴 이해 • 교류패턴 종류와 효과적인 의사소통 이해 • 대화분석을 통한 부부 의사소통 훈련		
단 계	내 용	준비물	시 간
도 입	• 제3회기 교육을 간단히 요약하여 설명 • 제4회기 교육내용과 진행방식에 대해 소개	- PPT 자료, 교재	20분
전 개	• 나의 일상생활 속 교류패턴 이해 　- 〈활동자료 4-1〉을 사용하여 일상생활 속에서 나 　　의 대화 상태를 체크한다.	- 〈활동자료 4-1〉	80분
	• 교류패턴의 종류와 효과적인 의사소통 이해 　- 일상생활 속에서 주고받은 말, 태도, 행동을 분석 　　하는 것 　- 상보교류: 보내진 메시지에 예상대로 반응이 돌아 　　오는 것, 바람직한 교류 　- 교차교류: 예상 외의 수신자 반응이 돌아오는 것, 　　대화 단절, 싸움이 되는 교류, 뒤틀린 관계가 원인 　- 이면교류: 숨겨진 의도를 지닌 메시지, 2개 이상의 　　자아를 동시에 포함	- PPT 자료, 교재	
	• 대화분석을 통한 부부 의사소통 훈련 　- 자신과 커플의 대화분석을 통해 이해와 의사소통 　　훈련(칭찬, 격려)	- 〈활동자료 4-1〉	
종 결	• 제4회기 정리 및 소감 발표 • 제5회기 활동 안내 　- 인생각본(가족의 분화와 통합)		20분
유의사항	• 집단에서 진솔하게 표현한다. • 집단규칙을 지킨다.		
기 타			

(1) 준비(20분)

- 제3회기 교육을 간단히 요약하여 설명한다.
- 제4회기 교육내용 및 진행방식에 대해 소개한다.

(2) 활동(80분)

〈진행방법〉

- 강의식, 집단토의식

〈강의내용〉

◉ 의사소통 표현

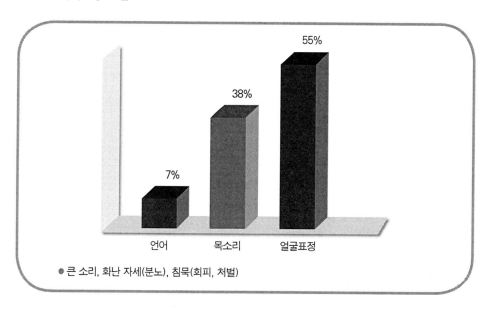

[그림 5-1] 전체 정서의 전달

출처: 두산백과(2012). 인용 보완.

◉ 나의 대화상태 체크하기

〈활동자료 4-1〉을 사용하여 일상생활 속에서 나의 대화 상태를 체크한다.

◉ 부부의 교류패턴 파악하기

일상생활 속에서 주고받은 말, 태도, 행동을 분석하는 것으로서 상보교류, 교차교류, 이면교류가 있다.

- 상보교류: 보내진 메시지에 예상대로 반응이 돌아오는 것, 바람직한 교류
- 교차교류: 예상 외의 수신자 반응이 돌아오는 것, 대화 단절, 싸움이 되는 교류, 뒤틀린 관계가 원인임
- 이면교류: 숨겨진 의도를 지닌 메시지, 두 개 이상의 자아를 동시에 포함

◉ **과녁 맞히기를 통한 대화법 연습하기**

- 상대방의 감정 읽기
- 공감하기
- 문제해결 정보

◉ **부부대화의 관계를 개선하려면**

- 대화는 상보에서 시작해서 상보로 끝나는 것이 바람직하다.
- 말하려는 것, 말하는 것을 잘 경청해야 한다.
- 말을 솔직하게 수용하고 솔직하게 되돌려 준다.
- 우선 타인의 말을 긍정한다(OK-OK 감정에서).
- 타인의 말을 반복해 본다.
- P(어버이 자아)와 C(어린이 자아)에서 상보교류는 서두르지 말고 음미해 본다.
- 대화는 교차교류를 하지 않는다.
- 평상시에 교차교류를 어떻게 하는지 반성해 본다.
- 생산성 없는 상보교류가 계속될 때 교차교류를 해야 한다.
- 타인의 입장이나 최종 결과를 생각해서 필요할 때는 교차교류를 해야 한다.
- 타인과의 대화를 원만하게 계속하려면 숨겨진 의도를 알아야 할 때도 있다.
- 커뮤니케이션 능력을 향상하려면 이면교류는 단절되어야 한다.
- 이면교류는 부정 교류가 많아져서 타인과의 관계를 악화시키는 경우가 많다.

◉ **부부 상호존중 대화법**

- 대화의 중요성을 알아야 한다.
- 대화를 잘하지 못하는 이유

- 부적절한 경청태도, 가치관의 차이, 문화 차이, 비판적 태도, 묵비권 행사, 끊임없는 자기자랑, 용서에 인색할 때, 감정의 활화산, 기계적이고 바쁜 생활, 피곤함, 충돌에 대한 두려움, 소재의 빈곤

- 대화의 차원
  - 제1차원: 입술의 말(상투적인 말)
  - 제2차원: 머리의 말(자신의 생각을 말하는 차원)
  - 제3차원: 가슴의 말(자신의 감정을 표현하는 차원)
  - 제4차원: 영혼의 말(칭찬과 격려를 통해 혼을 살리는 대화)

- 대화의 전제
  - 바른 마음, 분리개별화, 긍정적인 인생태도, TPO의 법칙
  - TPO의 법칙: Time(시간), Place(장소), Occasion(상황)

- 대화의 원리
  - 개방적 대화, 긍정적 인정자극, 황금률, 적극적 경청

- 적절하게 대화하기
  - 활력을 불어넣는 대화, 칭찬과 격려가 있는 대화, 솔직하게 자기표현, '너' 대신에 '나'라는 단어 사용, 말 없는 말이 마음을 움직임, 부정적인 대화는 타인에게 상처가 되므로 피해야 함

- 경청의 지침
  - 적극적인 태도, 깊이 공감하면서 들음, 있는 그대로 다 받아들임, 의식하면서 들음

- 경청에 방해되는 요소
  - 자신을 방어하는 태도, 타인에게 가지고 있는 편견이나 태도, 자신의 마음 속 고민, 타인의 말을 중간에 가로채는 경우

- 경청의 10계명
  - 미리 판단하지 말라.
  - 자신의 생각을 덧붙이지 말라.
  - 자신이 들은 것이 전부라고 생각하지 말라.
  - 들은 것을 다른 곳으로 옮기지 말라.
  - 어떤 말을 하든 마음을 닫지 말라.

- 말을 끝까지 들으라.
- 다른 의미로 해석하지 말라.
- 이야기하고 있는 동안에 대답하지 말고 대답을 준비하지 말라.
- 말을 올바르게 정정해 주는 데 두려움을 갖지 말라.
- 공평하게 서로의 말을 들어 주라.

〈준비물〉
- PPT 자료
- 〈활동자료 4-1〉

(3) 마무리(20분)
- 제4회기 정리 및 소감을 발표한다.
- 제5회기 활동을 안내한다.
  - 인생각본(가족의 분화와 통합)

활동자료 4-1	교류패턴 이해

대화연습(가장 많이 사용하는 말 확인)

상보교류

A:
B:

A:
B:

A:
B:

교차교류

A:

B:

A:

B:

A:

B:

이면교류

A:

B:

A:

B:

A:

B:

교류 개선방법과 대화의 방법

상보교류 대화방법

- 대화는 (상보)에서 시작해서 (상보)로 끝나도록 노력한다.
- 상대의 말을 잘 (경청)해야 한다.

> • 상대의 말을 솔직하게 (수용)하고 솔직하게 되돌려 준다.
> • 우선 상대의 말을 (긍정)한다.
> • 상대의 말을 (반복)해 본다.

상대와의 대화에서 이런 자세로 대화하면 상보교류를 잘할 수 있다.

교차교류 대화방법

> • 원칙적으로 (교차교류)는 하지 않는다.
> • 평상시에 교차교류를 어떻게 하고 있는지 반성해 본다.
> • 생산성 없는 (상보교류)가 계속될 때나, 상대 입장이나 최종 결과를 생각해서 필요하다고 생각될 때 교차교류를 해야 한다.

교차교류를 활용하는 경우

이면교류 대화방법

> • 대화를 원만하게 계속하려면 말보다는 이면에 숨겨진 의도를 알아야 한다.
> • 커뮤니케이션 능력을 향상하려면 (이면교류)는 단절되어야 한다.
> • 부정적인 교류가 많아져서 대인관계를 악화시키는 경우가 많다는 것을 알아야 한다.

이면교류를 하고 있을 때 벗어나는 방법

결혼생활과 대화

> • 대화를 하는 이유를 분명히 알아야 한다.

⇒ 자신의 감정을 상대와 함께 나눌 수 있어 이해를 구할 수 있고 성장할 수 있는
발판이 된다.

⇒ 대화를 나누다 보면 자신의 정체성을 발견할 수 있다.

⇒ 대화를 나눔으로써 문제들을 해결해 나갈 수 있다.

1차원 대화에서 4차원 대화까지 사례 제시

대화의 차원	사 례
입술의 말	
머리의 말	
가슴의 말	
영혼의 말	

※ 상대방의 말 속의 의미를 알아주고, 상대의 감정을 읽어 주고, 숨은 뜻까지 읽어 주면 최상이라고 한다.

5) 제5회기: 성장과정 이해하기

목표	• 인생각본에 대해 이해한다. • 건강한 인생각본을 갖도록 돕는다. • 각본분석을 통해 커플을 이해하고 자율성을 회복하도록 한다.		
단계	내용	준비물	시간
도입	• 동영상 시청: 어린 시절의 상처가 현재 친밀한 관계에서 미치는 영향에 관한 내용 상영 • 제4회기 교육을 간단히 요약하여 설명 • 제5회기 교육내용과 진행방식에 대해 소개	- 동영상	20분

전개	• 인생각본 설명하기
	  - 각본 질문지를 통해 어린 시절 경험 나누기
	  - 커플 간 성장과정 이해
	  - 자신의 1차적 드라이버 찾기
	  - 드라이버에서 벗어나기 위한 개선책
	• 커플 간 인생각본과 1차적 드라이버를 나누고 자율성 회복하기
		- 〈활동자료 5-1〉
		- PPT 자료, 교재
			80분

종결	• 제5회기 소감 발표 • 제6회기 안내 - 결혼준비와 시간의 구조화		20분
유의사항	• 어린 시절 부모의 양육 태도가 현재 타인과의 관계에서 미치는 영향을 생각해 볼 수 있도록 한다.		
기타			

(1) 준비(20분)

• 동영상 상영
  - 어린 시절의 상처가 현재 친밀한 관계에 미치는 영향을 알도록 한다.
  - 동영상자료: 'MBC스페셜 이마고 부부치료' 동영상을 일부 시청한다.
• 제4회기 교육을 간단히 요약하여 설명한다.

• 제5회기 교육내용 및 진행방식에 대해 소개한다.

(2) 활동(80분)

〈진행방법〉

• 강의식, 집단토의식

〈강의내용〉

◉ 인생각본이란

인생각본은 어린 시절에 만들어지고 부모에 의해 강화되며 후속 사건에 의해 정당화되어 양자택일의 순간 결정에 달하게 되는 무의식적 인생계획을 말한다.

◉ 인생은 같은 것을 반복

때와 장소만 다를 뿐 같은 것의 반복이 인생의 대부분이며, 각본형성 과정을 알고 불필요한 인생각본(생활양식)에서 탈출하도록 한다.

◉ 축소각본(miniscript)

짧은 시간에 일어나는 일련의 행동패턴이며, 인생각본을 강화하는 것이라고 정의한다. 이는 드라이버(driver, 몰이꾼)라 부르는 대항 금지령에 의하여 시작된다.

◉ 축소각본에서 벗어나기

• 자신의 생각이나 감정과 상대방의 생각이나 감정을 구별한다.
• 상대방의 기대가 무거운 짐이라고 느낀다면 그때부터 자유로이 해도 좋다고 자기 자신에게 허가(permission)를 부여한다.
• 부적절한 몰이꾼에게는 따르지 않는다고 결의하고 일상생활에서 실천한다.

◉ 드라이버와 허가(허용)

• 완전하게 하라. → 당신은 있는 그대로 충분하다.
• 다른 사람을 기쁘게 하라. → 먼저 너 자신을 기쁘게 하라.
• 강해지라. → 자신이 원하는 것을 개방적으로 표현하라.

- 열심히 노력하라. → 그냥 하라.
- 서두르라. → 여유를 가지고 하라.

※ 자신의 축소각본에 의해 커플에게 행동을 강요한 부분에 대해서 나누도록 한다.

※ 지금 현재 커플 간 갈등하고 있는 사례를 가지고 집단원과 피드백을 주고받 으며 서로 나눈다.

〈준비물〉

- 인생각본 설명 PPT 자료
- 활동자료(열두 가지 금지령, 드라이버 체크리스트, 소감 나누기)

(3) 마무리(20분)

- 제5회기 정리 및 소감을 발표한다.
- 제6회기를 안내한다.
  - 결혼준비와 시간의 구조화

활동자료 5-1   열두 가지 금지령

구분	금지령	내 용	예	아니요
1	존재해서는 안 된다.	영유아기부터 체험한 노골적인 거절, 학대, 존재무시 또는 부모불화의 원인 ▶ 결단: 내가 죽어 주겠어.		
2	남자(여자)여서는 안된다.	부모가 바라지 않는 성(性)으로 태어난 아이에게 주어지는 메시지 ▶ 결단: 어째서 남자(여자)에게는 이길 수 없는 것일까?		
3	아이들처럼 즐겨서는 안 된다.	쾌락은 모두 나태하고 나쁘다고 간주하는 부모, 일 중독 부모 등으로부터 전달되는 메시지 ▶ 결단: 나는 결코 즐겨서는 안 된다.		

4	성장해서는 안 된다.	가족의 막내를 향해 발신 ▶ 결단: 안전을 위해 부모로부터 떠나고 싶지 않아.		
5	성공해서는 안 된다.	'너는 무엇을 해도 틀렸어.' 등 실패만 주의를 환기시키며 길러질 때 발신 ▶ 결단: 나는 최후에 실패한다.		
6	실행해서는 안 된다.	뭔가 실천하려고 하면 강력한 내적인 브레이크가 걸리는 사람에게 작용한다. '위험하기 때문에 해서는 안 된다.' ▶ 결단: 다른 사람이 해 주기까지 기다린다.		
7	중요한 인물이 되어서는 안 된다.	'너는 아이니까 침묵하고 있어라.' 등 언제나 억압되어 자기주장이 허용되지 않는 가정 ▶ 결단: 어쨌든 누구도 나를 인정해 주지 않는다.		
8	소속되어서는 안 된다.	부모에게 엘리트의식이 강하거나 뭔가 소외감이 있거나 하여 가족이 고립된 생활방식을 하고 있는 경우 발신 ▶ 결단: 고립·폐쇄를 특징으로 하는 인생		
9	사랑해서는 안 된다.	친절한 애정표현이 거의 보이지 않는 가정에서 발신하는 메시지 ▶ 결단: 사랑은 반드시 도중에 깨진다.		
10	건강해서는 안 된다 (제정신이어서는 안 된다).	질병에 걸렸을 때만 부모로부터 귀염을 받는 체험이 전달되는 메시지 ▶ 결단: 나는 다른 사람보다 약하다.		
11	생각해서는 안 된다.	아이들의 자연스러운 호기심이 무시되거나 특정한 화제가 거칠게 되어 있는 가정에서 발신 ▶ 결단: 저것은 반드시 말로만 끝난다.		
12	자연스럽게 느껴서는 안 된다.	희로애락의 자유로운 표현이 금지되는 경우, 가정이 너무 지적이어서 정서적 교류가 결핍된 경우에 발신 ▶ 결단: 감정은 말로 표현해서는 안 된다.		
합계				

◉ 드라이버 체크리스트

우리는 일상생활에서 무엇인가에 몰아세워지듯이 일정한 패턴으로 행동하는 경우가 있다. 그 원인이 된 충동의 정체를 확실히 알기 위한 체크리스트가 인생각본을 몰아세우는 드라이버 체크리스트다.

다음 문장을 읽고 자신의 평소 행동에 언제나 해당되는 것은 5, 자주 해당되는 것은 4, 보통인 것은 3, 약간 해당되지 않는 것은 2, 거의 해당되지 않는 것은 1을 써 주세요.

1. 회의 중 '나의 생각으로는……'이라고 자신의 의견을 확실히 말하거나 그러고 싶은 충동을 느낀다.
2. 이야기할 때 어깨 등의 근육부분이 긴장된다.
3. 이야기할 때 요점을 지적하거나 다소 지나친 제스처를 쓰면서 한다.
4. 무엇을 해도 '이것으로 충분할까?' 하는 불안이 있으며, 좀 더 신경 쓰기 위해 뭔가 해 두고 싶은 충동을 느낀다.
5. 여기서 중지했으면 하고 생각하면서도 바로 한마디로 말해 쓸데없는 것을 말해 버리고 만다.

A 1~5번의 득점 소계 (   )점

6. 대화 때에 '될 수 있는 한 해 본다.' '해 보기는 하지만……' 등 책임을 얼버무리는 표현이 많다.
7. 질문에 정통으로 찌르며 답하지 못하고, 어딘가 시원하고 말씨가 분명하지 못한 응답방식, 즉 간접적인 대답방식을 한다.
8. 다른 사람과 이야기할 때 앞으로 넘어질 듯한 자세로 이야기를 열심히 들으려고 한다.
9. 무슨 일에 대해서나 노력하지 않으면 노력이라도 하고 있으면 무언가 된다고 자신에게 타이른다.
10. 이야기할 때 어깨 등의 근육 부분과 위장 등의 체내의 양쪽에 긴장감이 있다.

B 6~10번의 득점 소계 (   )점

11. 이야기를 하고 있을 때 '네, 그렇지요.'와 같이 동의를 구하는 말, '그것으로 좋지 않을까?'와 같이 상대의 기분을 묻는 말이 많다.

12. 이야기할 때 위 등 몸 깊숙한 쪽에 긴장감을 느끼지만 어깨 근육 등은 그다지 경직되지 않는다.

13. 어떤 일에서나 다른 사람을 충분히 만족시키고 있지만 '나는 아직 배려가 충분치 않은 것을 아닐까?' 하고 자신에게 타이른다.

14. 여러 사람 앞에서 나서면 안 되는 것처럼 느껴진다. 눈에 띄는 행위는 어쨌든 하고 싶지 않다.

15. 이야기를 할 때 다른 사람들과 비교하여 고개를 끄덕이는 횟수가 많다.

C 11~15의 득점 소계 (   )점

16. 이야기를 할 때 다른 사람이 말을 끝내기 전에 차단하듯이 이야기하고 만다.

17. 다른 사람과 비교하여 모든 동작이 부산(성급)하다.

18. '무엇을 하고 있어도 시간 내에 끝낼 수 없을 것이다. 그렇게 되면 큰일이다.'라는 불안이 있다.

19. 무릎을 사납게 떨고, 손가락으로 책상을 두드리는 등 몸의 일부를 조금씩 반복하여 움직이는 버릇이 있다.

20. 회의 중 '자, 하자!' '서둘러!' 등과 재촉하는 말이 많다.

D 16~20의 득점 소계 (   )점

21. 다른 사람과 비교하여 볼 때 모든 동작이 어색하며 딱딱하다.

22. 이야기를 할 때 감정표현이 없고, '특별히 아무것도 아니야.' 등 감정을 억압하는 듯한 말이 잘 사용된다.

23. 마음속에서 자신의 약점은 절대로 다른 사람에게 보이지 않는다고 타이르는 경우가 많다.

24. 이야기하는 말소리 상태에 억양이 없고 단조롭고 기계적이다.

25. 팔짱을 끼거나 의자에 앉을 때 다리를 꼬는 것을 좋아한다.

E 21~25의 득점 소계 (   ) 점

채점방법

A, B, C, D, E의 각 그룹의 득점을 다음 그래프에 기입하라. 이것이 당신의 드라이버 각각의 정도다.

A 완전하게 하라. (   )점

B 열심히 노력하라. (   )점

C 다른 사람을 기쁘게 하라. (   )점

D 서두르라. (   )점

E 강해지라. (   )점

	0	5	10	15	20	25
A						
B						
C						
D						
E						

6) 제6회기: 결혼준비

단 계	내 용	준비물	시 간
목 표	• 결혼준비를 알뜰하게 하는 방법을 찾아본다. • 결혼을 위한 서로의 합의를 확인한다. • 행복한 결혼준비를 위한 시간의 구조화를 점검한다.		
도 입	• 커플 간 예상하는 결혼비용 소개 • 행복한 결혼준비를 위한 과정에 대해 소개		20분

전 개	• 결혼준비를 위한 예산 편성하기
	  - 항목별로 결혼준비를 위한 예산을 편성해 보고 나
	    눠 본다.
	  - 서로의 생각과 차이를 확인하고 현실을 알고 준비
	    하도록 하고 알뜰한 결혼식 준비를 위한 예산절감
	    노하우를 소개한다.
	• 행복한 결혼생활을 위해 여섯 가지 시간의 구조화 이해
	  - 예비부부로서 행복한 시간의 구조화하기
	  - 개선할 점을 커플과 합의하기
		- PPT 자료, 교재
		- 〈활동자료 6-1〉
		  〈활동자료 6-2〉
			80분

종 결	• 제6회기 정리 및 소감 발표 • 제7회기 안내 - 전체 교육을 마치며 나눔활동		20분
유의사항	• 집단에서 진솔하게 표현한다. • 집단규칙을 지킨다.		
기 타			

(1) 준비(20분)

• 제5회기 교육을 간단히 요약하여 설명한다.

• 과제를 점검한다.

• 제6회기 교육내용 및 진행방식에 대해 소개한다.

(2) 활동(80분)

〈진행방법〉

- 강의식, 집단토의식, 커플체험

〈강의내용〉

◉ **결혼준비**

- 결혼을 준비하는 데 평균 얼마의 비용이 들어갈까요?
- 파트너가 예상하는 결혼식 비용은?

◉ **결혼 전 확인 및 합의사항**

- 재정 및 경제
  - 결혼비용 및 조율
  - 상대방의 재정 및 신용상태
  - 가정경제 운영 및 자산관리
  - 지출 및 소비
- 가정생활
  - 부모님을 모시고 사는 경우에 대해
  - 양가의 경조사 및 용돈
  - 명절 및 종교
  - 부부관계 문제해결
- 건강 및 가족계획
  - 결혼비용
  - 건강진단서
  - 자녀 계획 및 양육
  - 가사분담 및 여가생활

◉ **행복한 시간으로 구조화하기**

자신이 시간을 보내는 것을 여섯 가지 범주로 분류하여 본인 스스로의 시간을 어떻게 사용하는가를 알아서 이를 의식화함으로써 보다 바람직한 시간을 재구성하는 것을 하나의 목표로 한다.

◉ **시간의 구조화 여섯 가지 탐색 및 행복한 시간으로 구조화하기**(질문지 사용)

- 폐쇄(혼자만의 시간 가짐)

- 의식(일상의 사회적 상호작용)

- 활동(생활에서 일어나는 활동)

- 잡담(가벼운 피상적인 대화)

- 심리게임(위장된 감정의 교류, 부적절한 감정)

- 친밀(서로 신뢰하고 상대에 대해 순수한 배려를 행하는 관계)

〈준비물〉

- PPT 교재

- 〈활동자료 6-1〉〈활동자료 6-2〉

(3) 마무리(20분)

- 제6회기 정리 및 소감을 발표한다.

  - 결혼 전 준비해야 할 것과 커플 간 합의된 점

- 제7회기를 안내한다.

활동자료 6-1 **알뜰살뜰, 결혼준비**

다음 표에는 준비해야 할 것들이 간단하게 제시되어 있는데 필요 없는 것은 0원, 필요한 것은 얼마 정도를 예상하는지 혼수비용을 체크해 봅시다.

구분	내 용	예 산	구분	내 용	예 산
결혼식	예식장 대여		신혼살림	신혼집	
	결혼예복			가구	
	화장 및 머리손질			가전	
	폐백음식			침구	
	청첩장, 인쇄, 발송			주방용품	
	차량 대여			생활용품	
	기타			기타	
	소계			소계	
예물 및 예단	신랑, 신부 예물		피로연	피로연장 음식	
	예단			집에서 장만한 음식	
	예복			친구들 피로연	
	한복			기타	
	화장품			소계	
	소품		신혼여행	여행비	
	기타			여행준비물	
	소계			선물비	
				기타	
				소계	

총 예상비용

어떤가요? 내가 생각했던 만큼의 예산인가요? 생각보다 적을 수도, 많을 수도 있는데, 많을 경우 결혼 비용을 낮추는 방법을 나눠 봅시다.

결혼비용 체크리스트

요즘 혼수 1호가 건강진단서라죠? 몸도 마음도 튼튼한 배우자가 될 준비가 되었나요? 이제 우리의 결혼 준비를 도와줄 체크리스트가 있습니다.

한 번 살펴볼까요? 물론 서로 생략하기로 한 일은 뺄 수 있습니다.

날 짜	신랑이 해야 할 일	신부가 해야 할 일	같이 해야 할 일
100일	결혼 계획/준비	결혼날짜가 확정되면 신랑 측에 통보	양가에 인사하고 양가 상견례 일정표/예산 작성
90일 전	예식 규모, 형태 결정	예식 규모, 형태 결정	식장/피로연장 선택 신혼여행 계획, 분가 여부 결정
70일 전	혼수 상의 시장조사	혼수 상의 후 시장조사	하객 수 확정하고 목록을 작성하여 직장에 통보 신혼살림 구입리스트 작성
50일 전	결혼예물 준비	결혼예물 준비	청첩장 주문 하객수송차량 예약 건강진단, 사진/비디오 예약
40일 전	주례 부탁 턱시도 예약	신부화장/미용실 결정 의사소품 점검 웨딩드레스 알아보기	가전/가구 구입 시작 주례자 방문 한복 맞추기, 도우미 선정

30일 전		웨딩드레스 예약 피부미용 시작 부케 예약	청첩장 발송 완료 집안 어른들께 인사 신혼집 등기부 열람/계약 신변정리, 침구/예단 구입
20일 전	예단 받기	신혼살림 최종 점검 예단 보내기	신혼집 인테리어, 친구들끼리 상견례 치아점검, 스케일링 하객수송용 차량 예약 확인
10일 전	함 준비/보내기 구두 길들이기 예복 맞추기	함 받기 구두 길들이기 예복 맞추기 부케받을 친구 선정	휴가원 제출, 신혼집 꾸미기, 짐 옮기기, 신혼집 전화 가설 신용카드/주민등록증 은행계좌 변경 신혼여행 물품 구입, 도우미 점검 주방/생활용품 구입
1~5일	신혼여행 예약 확인 (여권, 비자 챙기기) 첫날밤 상식 확인 한복 입어 보기	폐백음식 확인 웨딩드레스 가봉 첫날밤 상식 확인 한복 입어 보기	피로연 음식 장만, 폐백 준비 결혼식 연습, 예식복 · 예물 확인 부모님께 감사인사, 신혼여행 가방 싸기

즐거운 신혼여행을 다녀왔다면 이제 새로운 가정을 알뜰살뜰 꾸리기 위해 해야 할 일이 있어요. 각종 고지서를 받을 주소 받기부터 시작해 볼까요?

구 분	내 용	비 고
신고	혼인신고하기	
	각종 공과금 명의 변경	전기, 가스, 상하수도에 고지서 뒷면에 나온 관할 사무소에 전화로 변경 신청
	자동차 주소 변경	거주지 주민센터에서 차고 증명서, 검증표, 주민등록등본, 인감 제출하고 지역번호판 교부
	신용카드, 보험 주소 변경	결제일과 금액 확인
	전출입 신고	집 계약 후 바로 하거나 이사 후 14일 이내에 분가신고서와 인감을 가지고 주민센터에서 한다.
	의료보험 신고, 연금, 면허증 주소 변경, 주민등록증 주소 변경, 인감 등록	

새집 살림을 위해 파악해야 할 것	친정에 두고 가져오지 못한 물건 챙기기	
	결혼 전에 사지 못한 살림 구입	
	주변에 가게 파악	
미래를 위해서	적금, 보험 들기	
	양가 가족 생일과 기념일 연락처 적어 두기	
	미래계획	가족계획, 집 마련 계획
	집들이 날짜 정하기	

활동자료 6-2　**시간의 구조화**

　결혼생활을 한다면 어떻게 시간을 구조화하고 싶은지 적어 본 후 커플과 나눔의 시간을 갖고 개선할 점이 있다면 커플과 합의해 본다.

번호	내용	예	아니요	기타
1	당신은 아침에 일어나서 가족들과 인사를 합니까?			
2	아침 식사시간에 가족들과 교류가 있습니까?			
3	출근 시에는 어떤 교류가 있습니까?			
4	출근하여 동료, 선배, 부하 등과 인사를 합니까?			
5	직무를 시작하기 전에 동료와 잡담을 합니까?			
6	직무수행 중에는 일사불란하게 일에 집중합니까?			
7	직무수행 중 때로는 딴생각을 한 적이 있습니까?			
8	근무시간은 짧다고 느낍니까? 길다고 느낍니까?			
9	퇴근 시에는 가족들과 인사를 합니까?			
10	귀가하여 가족들과 인사를 합니까?			
11	퇴근 후는 어떻게 시간을 구조화합니까?			

어제 하루를 어떻게 보냈는지 적어 보자.

시간의 구조화	사 례	시간/분	비율(%)
폐쇄			
의식(의례)			
활동			
잡담(소일)			
심리게임			
친밀			

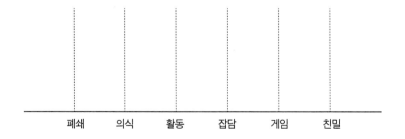

최근 휴일을 어떻게 보냈는지 적어 보자.

시간의 구조화	사 례	시간/분	비율(%)
폐쇄			
의식(의례)			
활동			
잡담(소일)			
심리게임			
친밀			

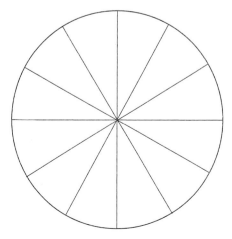

7) 제7회기: 행복한 결혼생활 레시피

목표	• 전체 회기에 대한 나눔을 통해 결혼준비를 현실화한다. • 참가자 간 정보를 공유하여 배움의 시간을 갖는다. • 커플을 이해하고 협력하여 행복한 결혼생활을 하도록 한다.		
단계	**내용**	**준비물**	**시간**
도입	• 프로그램 전체 진행과정 정리 - 문장 완성하기	- PPT 자료	20분

전개	• 5년 후 우리 가정의 모습 그림으로 스케치하여 발표하기(공동가족화)
	  - 커플 간 합의하여 그린 공동가족화 발표하기
	  - 공동가족화를 벽면에 보이도록 붙여 놓기
		- 색연필, 전지,
		  스카치테이프
			80분

	• 프로그램 전체 나눔활동
	  - 새롭게 알게 된 점 나누기
	  - 예비부부로서 합의사항
	  - 실천계획 나누기
	  - 전체 커플의 발표가 끝나면 기념촬영
	  - 수료증 전달하기
		- 〈활동자료 7-1〉	

종결	• 제7회기 정리 및 소감 발표 • 배운 것을 실천에 옮기기		20분
유의사항	• 적극적으로 참여하도록 분위기를 형성한다. • 수료 파티를 위해 다과를 준비한다. • 적극적으로 참여하는 커플에게 선물을 준다.		
기타			

(1) 준비(20분)

- 예비부부교육 전체 과정을 정리해 본다.
- 나에게 결혼이란 _____ 이다.
- 행복한 결혼생활을 위해 준비해야 할 것은 _____ 이다.
- 교육을 마친 후 결혼에 대한 생각을 문장 완성으로 정리해 본다.

(2) 활동(80분)

〈진행방법〉

- 집단토의식
- 편안한 분위기에서 자율적으로 나눔활동을 진행한다.

〈강의내용〉

◉ **공동가족화 그리기**

- 커플 간 합의하여 5년 후 결혼생활을 전지에 그리도록 한다.
  - 자녀계획
  - 주택계획
  - 직업계획
  - 행복을 위한 시간의 구조화를 위해 어디서 누가와 무엇을 하고 있을지 커플 간 합의하며 공동가족화 그리기
  - 기타 내용 등
- 공동가족화를 완성한 후 벽면에 붙여 커플들이 돌아가면서 의미와 계획을 발표한다.
- 교육을 마치면서 느낀 점을 나눈다.
  - 〈활동자료 7-1〉을 중심으로 참여자가 돌아가면서 나눔활동을 한다.
  - 나눔활동을 위해 자유롭고 편안한 분위기를 조성한다.

〈준비물〉

- 크레파스, 전지, 스카치테이프
- 〈활동자료 7-1〉
- 다과, 수료증, 음악

(3) 마무리(20분)

- 참여자 모두에게 수료증을 수여한다.
- 열심히 참여한 커플에게 선물을 준비한다.

활동자료 7-1   나의 새로운 발견

참석 커플 전원이 예비부부교육을 참여하면서 새롭게 알게 된 점과 커플 간 미래의 실천계획 등을 나눠 본다.

✷ 프로그램을 마치면서······ 나눔활동	별 칭:

✷ 새롭게 알게 된 점 ✷

1. 예비부부교육을 통해 새롭게 알게 된 점을 적어 보세요.

_____

2. 자신에 대해 새롭게 알게 된 점을 적어 보세요.

_____

3. 파트너에 대해 새롭게 알게 된 점을 적어 보세요.

_____

4. 가장 인상 깊었던 점은 무엇입니까?

_____

5. 가장 아쉬웠던 점은 무엇입니까?

_____

✷ 실천사항 ✷

1. 행복한 결혼생활을 위해 배우자와 함께 노력해야 할 일은 무엇인지 적어 보세요.

_____

2. 이 시간부터 실천하고 싶은 것이 있다면 무엇인지 적어 보세요.

_____

참고문헌

두산백과(2012). 메라비언의 법칙

우재현(1989). 교류분석 프로그램. 경북: 정암서원.

우재현(1995). 임상교류분석 프로그램. 경북: 정암서원.

최영일(2011). TA이론의 실제와 자기분석. 광주: 꿈꾸는 씨앗.

최영일(2012). 교류분석 강의지침서 Ⅱ. 광주: 꿈꾸는 씨앗.

최영일(2013). CKEO그램 성격검사지, 해설지. 한국이고오케이그램연구소.

한국교류분석상담협회 〈청소년집단 PG 연구위원: 손희란, 이인영〉

제6장 청소년과 통하는 "I'm OK, You're OK" 청소년 프로그램

1. 프로그램의 필요성과 의의

'청소년', 이는 듣기만 하여도 푸르고 가슴이 설레는 말이다. 청소년기의 영어명인 'adolescence'의 어원은 성숙한 사람으로 성장해 간다는 라틴어의 'adolescere'에서 유래한다.

사춘기에는 생물학적 성숙으로 신체적 변화 및 사회심리적 변화와 개인차를 경험하게 된다. 질풍노도의 시기, 주변인의 위치에서 자기인식과 현실적응과의 사이에서 혼란을 느끼게 되는 시기이기도 하다. 이 시기에 교류분석을 접하므로 자율성과 자각성을 경험할 수 있으며 건강한 가치관을 확립할 수 있다. 또한 청소년기에 나타나기 쉬운 공격성이나 방어기제 정도가 이전보다 줄어들기 때문에 부모와의 관계, 친구와의 관계 등 생활양식에 있어 갈등을 성숙하게 풀어 갈 수 있는 매개체가 될 수 있다.

청소년기에는 인지발달에 있어 논리적인 사고가 가능해져서 상황의 가설을 설정할 수 있고 가능성을 확장할 수 있는 수준이 된다. 이러한 지적 확장은 자기가 옳다고 생각하는 판단으로 갈등을 초래할 수 있고 '너는 틀리고 나는 맞다.'는 흑백논리 가치관을 가지게 될 수도 있다.

한 번 놓치면 쉽게 깨지게 되는(breakable) 유리와 같은 청소년기의 심리는 귀하

고 조심스럽게 취급(be careful)하여야 한다. 사회적 · 행동적 · 심리적 · 문화적으로 성숙한 자기인식을 경험하게 할 수 있는 "I'm OK, You're OK" 경험은 매우 소중하고 새로운 자아상을 확립하게 될 것이다.

마음의 관계를 다루는 청소년 교류분석 집단상담 프로그램을 통해 자기이해를 경험하고, 정서적으로 급격하게 나타나는 심리적 변화에 대해 예측 가능한 능동적인 태도와 정서적인 유대감을 바탕으로 자율성 · 자각성 · 친밀성을 높여 청소년기에 필요한 자존감을 향상시키며 함께 성장하는 기회가 되길 바란다.

1) 프로그램 목표

- 집단활동을 통하여 자신과 타인을 자각한다.
- 현실적 감각이 성숙해지고 자율적인 선택, 표현의 자발성을 돕는다.
- 개방적인 의사소통을 통해 진실하고 친밀한 관계를 회복한다.
- 청소년기에 필요한 자기인식과 자아정체성을 확립하는 데 도움을 주고 내적 변화의 성장을 촉진한다.

2) 프로그램 운영방법

- 대상: 중학교, 고등학교 청소년 15명 이내
- 기간: 주 1회, 1회당 시수 2시간, 총 8회, 총 16시간

3) 기대효과

- 청소년기에 자존감을 향상시키고, 정직한 품성을 개발한다.
- 또래와 함께 성장하고 더불어 사는 방법과 긍정감을 배양한다.
- 자기조절능력을 통해 학습능력을 향상하고 자율성을 회복한다.
- 이상과 현실 사이에서의 대인관계의 갈등을 성숙한 눈높이로 조율하여 정서적 · 사회적 관계기술을 높인다.

2. 프로그램의 구성

영역	회기	주제	활동내용		시간
초기	1	만남의 터	• 오리엔테이션 　- 전체 프로그램 안내 • 인생태도 계약서 작성하기 • 별칭 짓기 　- I'm ok 명찰 만들기/친밀 교류 • 제1회기 계약 및 소감 나누기	계약서 자기소개	2
	2	이해의 터	• CKEO그램(EGO-OK그램) 검사 • 자아상태 촉진을 위한 직관도표 그리기 　- 원형(막대)그래프 작업을 통한 내가 보는 　　내 모습, 타인이 보는 내 모습 • 제2회기 계약 및 소감 나누기	CKEO그램 검사/해석	2
중기	3	소통의 터	• 과녁 맞히기 짝꿍 작업/효과적인 대화와 　감정의 쌍방통행 교류 • 상보교류, 교차교류, 이면교류 역할극 • 제3회기 계약 및 소감 나누기	교류패턴 (상보/교차/이면)	2
	4	갈등해결의 터	• 인정자극 필터 자각하기: 긍정적 인정자극, 　부정적 인정자극 문장반응 다루기 • 내 탓, 남의 탓, 무기력 날리기 스트레스 타파를 　위한 경제법칙 다섯 가지('말할팬됐가' 법칙) • 제4회기 계약 및 소감 나누기	인정자극 체크리 스트, 인정자극 필터대화	2
	5	비전의 터	• 승자, 패자 각본 다루기 • 세상에 하나밖에 없는 비전 명함 만들기 • 제5회기 계약 및 소감 나누기	승자, 패자 각본	2
	6	선택의 터	• 일주일 단기 목표 세우기, 행동경험 계약서 　만들기 '브로드웨이의 손 작업화' • 목표달성 우선순위, 요일별 시간의 구조화 • 제6회기 계약 및 소감 나누기	시간의 구조화	2

종결	7	열매의 터	• 인생태도 작업하기 • 꿈의 시각화 하기 • 제7회기 계약 및 소감 나누기	인생태도 체크리스트	2
	8	행복의 터	• You're OK 롤링페이퍼 • 내가 나에게 주는 "I'm OK, You're OK" 상장 수여식 • 전체 소감 및 인정자극 나누기	인정자극	
기 타	※세부내용 혹은 활동자료 첨부				

3. 프로그램의 실제

1) 제1회기: 만남의 터

목표	• 집단원이 함께 활동하고 소개하는 시간을 통해 친밀감과 신뢰감을 형성한다. • 청소년 교류 프로그램 안내를 통해 자율적인 참여동기를 높인다. • 초기 집단상담에 참여하게 된 동기와 기대를 통해 참 만남을 공유한다.		
단 계	**내용**	**준비물**	**시 간**

도 입	• 전체 교육내용 및 진행방식에 대한 소개 및 진행자 소개
	  - 교류분석이란? 자신, 타인, 환경과의 사이에서 이루어지고 있는 교류를 분석하는 것
	• 목적: 자율성, 자각성, 친밀성
	• 나는 누구인가!
	  - 자기 이름을 삼행시로 소개하고 별칭 짓기
		- 명찰, 사인펜 또는 색연필	20분

전 개 (활동내용)	• 자리 바꾸기 배달주문 게임 • OHP 초상화(타인이 그린 나), 자화상(내가 그린 나) 그리기 작업 • 집단원의 인생태도 계약서 작성하기 • 소감 및 느낌 나누기	- OHP 필름 - 매직, 손거울 - 〈활동자료 1-1〉 〈활동자료 1-2〉	80분

종 결 (정리)	• 초기 만남을 통해 "I'm OK, You're OK" 효능감 강화 • 제1회기 실천계약과 소감 나누기 • 제2회기 안내	- 〈평가서 1-1〉	20분
유의사항	• 참가자가 자발적이고 자연스러운 친밀감을 갖도록 북돋운다. • 설명이나 교육이 되지 않도록 한다. • 집단원의 특성을 알고 소속감을 가질 수 있게 한다. • OHP 필름이 준비되지 않았을 때는 A4 용지를 사용할 수 있다.		
기 타	※ 세부내용 혹은 활동자료 첨부		

(1) 준비(20분)

- 집단토의식(교육집단)
- 집단 전체 프로그램의 내용 및 진행방식에 대해 소개한다.
  - 자신, 타인, 환경과의 사이에서 이루어지고 있는 교류를 긍정적으로 분석하는 것이 교류분석임
  - 지금 옆에 있는 친구의 오른손을 잡고 인정자극을 교류(타인의 장점을 찾아주고 인정자극을 주고받으며 친밀감 성장)
- 나는 누구인가 이름으로 삼행시/별칭 짓기를 한다.
  - 명찰을 나누어 주고 이름을 쓰고 별칭을 꾸민다.
  - 이름을 소개하고 이름으로 삼행시를 지으며 나 자신의 자각성을 북돋운다.
  - 프로그램 참여의 목표와 희망을 담은 별칭을 짓고 소개한다.

(2) 활동(80분)

〈진행방법〉

◉ **자리 바꾸기 배달주문 게임(ICE BREAKING)**

- 집단원에게 〈활동자료 1-1〉을 오려서 제비뽑기 형식으로 두 번 접어 상자 안에 넣는다.
- 1장씩 제비뽑기한다.

- 뽑은 종이에 있는 번호 순서대로 자리를 바꾸고 분위기를 환기시킨다.
- 같은 배달요리를 뽑은 사람들이 한 모둠이 된다.
- 모둠별로 조장을 뽑고 모둠의 특성에 맞는 이름을 정한다.
- 한 자씩 입을 맞추어 단어를 말하는 이구동성 게임을 한다.
- 상대팀은 무슨 음식을 배달했는지 알아맞히기 게임을 통해 친밀성과 자발성, 자각성을 돕는다.

◉ **OHP 초상화(타인이 그린 나), 자화상(내가 그린 나) 그리기 작업**
- 친구의 얼굴에 OHP 필름을 대고 똑같이 그림 그린다.
- 내 모습을 손거울을 이용해서 똑같이 그린다.
- 나의 인생태도와 자화상을 공유하고 나누기를 한다.

◉ **서로가 지켜야 할 약속의 계약서 작성하고 서명하기**
- I'm OK, You're OK 함께 지킬 약속 일곱 가지를 개인별로 각자 작성한다.
- 모둠작업을 통해 개인별로 나온 전체 의견을 취합하여 일곱 가지 약속을 정하고 통합한 의견을 각 모둠의 대표가 발표한다.

〈준비물〉
- 〈활동자료 1-1〉 〈활동자료 1-2〉
- 명찰, 사인펜 또는 매직, 색연필, OHP 필름

(3) **마무리(20분)**
- 이번 제1회기 〈평가서 1-1〉을 작성하고 사인한다.
- 소감 나누기를 한다.
- 제2회기 활동을 안내한다.

활동자료 1-1   배달주문 시트지

1. 피자파이	5. 통닭구이	9. 스파게티
2. 피자파이	6. 통닭구이	10. 스파게티
3. 피자파이	7. 통닭구이	11. 스파게티
4. 피자파이	8. 통닭구이	12. 스파게티

활동자료 1-2 **계약서 작성**

프로그램에 참여하면서 나는……

우리들의 계약서

나는 _____ 교류분석 집단 프로그램에 참여하면서 다음 사항을 준수할 것을 약속합니다.

1.

2.

3.

4.

5.

6.

7.

20   년   월   일

성명: _____ 사인

| 평가서 1-1 | I'm OK, You're OK 실천계약과 소감 나누기 |

- 제1회기 집단의 주제와 가장 좋았던 점은

_____

_____

_____ 이었다.

- 이번 회기를 통해 나 자신이 지킬 실천계약 한 가지는

_____ 다.

- 우리 프로그램에 대한 나의 만족도는

_____

_____

_____ 다.

1. 매우 만족 ( )	2. 조금 만족 ( )	3. 보 통 ( )	4. 조금 불만족 ( )	5. 매우 불만족 ( )

사인: _____　　날짜: _____년 _____월 _____일

2) 제2회기: 이해의 터

목표	• CKEO그램 검사를 통하여 자기이해 하기 • 건강한 자아를 자각하고 변화하고 싶은 자기모습 찾기		
단 계	내 용	준비물	시 간
도 입	• 지난 회기 경험 나누기 • 제2회기 교육내용 및 진행방식에 대한 소개 • CKEO그램(EGO-OK그램) 검사 실시 전 오리엔테이션 - 검사지 활용방법과 검사 실시 유의사항	- CKEO그램 - 검사지/답안지	20분
전 개	• 자아상태 촉진을 위한 직관도표 그리기 - 막대(원형)그래프 작업을 통한 내가 보는 내 모습 • CKEO그램(EGO-OK그램) 검사 실시 • CKEO그램(EGO-OK그램) 검사 해석	- 〈활동자료 2-1〉	80분
종 결	• 교류분석 검사결과를 통한 건강한 자아상 강화 • 제2회기 실천계약과 소감 나누기 • 제3회기 안내	- 〈평가서 2-1〉	20분
유의사항	• 맞고 틀린 답이 없다. • 검사의 문항에는 정답이 없으며 객관적 검사이며 비진단검사다. • 현재 자신의 있는 그대로의 모습의 것을 표기하도록 한다.		
기 타	※ 세부내용 혹은 활동자료 첨부		

(1) 준비(20분)

- 인사를 나눈다.
- CKEO그램을 소개한다.
- 검사 시 유의사항을 설명하고 검사지 개요를 소개한다.

(2) 활동(80분)

〈진행방법〉

- CKEO그램(EGO-OK그램) 검사하기
- 〈활동자료 2-1〉 직관도표 그리기
  - CK-EGO그램 직관도표를 그리고 자기이해 하기
  - 검사지 해석을 하기 전 자기의 속마음 탐색하기
- CKEO그램(EGO-OK그램) 검사 후 해석하기
  - CKEO그램(CK-EGO그램) 검사하기
  - CKEO그램(CK-EGO그램) 해석을 하며 자기분석 하기

CKEO그램 해석도구 요약

CP: 이상, 가치, 양심, 규범, 도덕 ,질서(관용적-지시, 통제, 원칙적-책임감)

NP: 동정, 관용, 배려, 봉사, 인간미, 덕망(방임적-봉사, 배려적-과보호적)

A: 지성, 이성, 기계적, 현실, 계산(즉흥적-정확, 합리적-기계적)

FC: 천진난만, 개방적, 적극적, 신명(폐쇄적-활력, 적극성-천방지축)

AC: 눈치꾼, 참을성, 자기비하, 반항적(독단적-타협, 협동-자기비하)

- 열등한 기능의 자기촉진 방법 찾기
  - CKEO그램(EGO-OK그램) 열등 기능 촉진방법(〈활동자료 2-2〉)

〈준비물〉

- CKEO그램 검사용지, 답안지, 필기도구

(3) 마무리(20분)

- 이번 제2회기 〈평가서 2-1〉을 작성하고 사인한다.
- 소감 나누기를 한다.
- 제3회기 활동을 안내한다.

활동자료 2-1   **직관도표 그리기**

CK-EGO그램(속마음)을 직관으로 막대그래프로 그리고 자기이해 하기

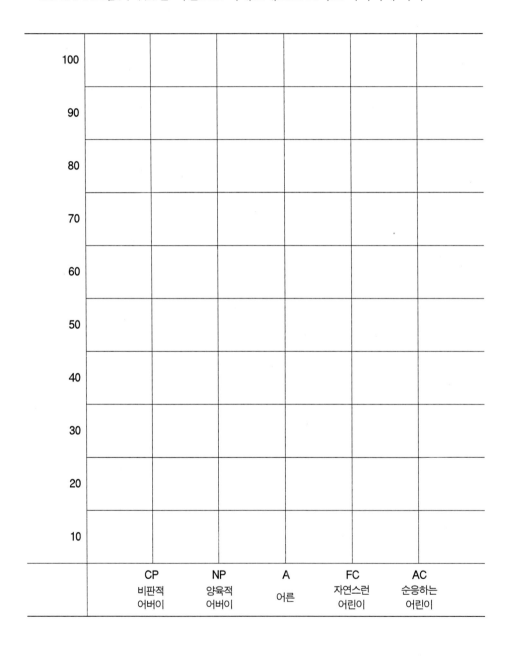

	CP 비판적 어버이	NP 양육적 어버이	A 어른	FC 자연스런 어린이	AC 순응하는 어린이

활동자료 2-2	CKEO그램(EGO-OK그램) 열등 기능 촉진방법

촉진방법	자아상태 기능	태도
CP	• 약속을 지킨다. • 주어진 일을 확실히 한다. • 책임 있는 행동을 한다. • 목표를 갖는다. • 자신에게 엄격하다. • 가훈이나 좌우명을 짓는다. • 일의 선악을 분명히 가린다.	자타에게 엄하게 한다.
NP	• 주위 사람들에게 부드러운 말을 쓴다. • 상대방의 감정을 공감하고 용기를 북돋아 준다. • 전화로 안부를 묻고 문자도 보낸다. • 타인의 실수에 대해 관대하게 대한다. • 남의 이야기를 친근감 있게 듣는다. • 부탁을 받으면 기분 좋게 최대한 지원한다. • 사회봉사 활동에 적극적으로 참여한다.	자신이나 타인에게 관대하게 한다.
A	• 현실 상황이나 여건을 감안하여 행동한다. • 감정의 기복을 나타내지 않고 냉정히 말한다. • 늘 메모하는 습관을 기른다. • 주위 상황을 정확하게 파악한다. • 만사를 공평하게 푼다. • 찬반 양쪽의 의견을 듣는다. • 주관적이 아니라 객관적으로 생각한다.	현실지향적 태도를 취한다.
FC	• 즐거운 생각을 많이 한다. • 예술을 접하고 감수성을 표현한다. • 많은 사람과 이야기를 나눈다. • 적극적으로 행동한다. • 태도, 표정을 있는 그대로 나타낸다. • 낙관적으로 행동한다. • 항상 활기가 넘치는 생활을 한다.	자기의 희로애락을 잘 표현한다.
AC	• 타인의 의견에 귀를 기울인다. • 자기 감정보다 타인의 감정을 먼저 배려한다. • 상대방의 마음에 들도록 노력한다.	타인의 감정에 맞춘다.

- 못마땅하지만 긍정적으로 받아들인다.
- 스스로 겸손하고 상대를 치켜세운다.
- 불만이 있더라도 즉각 표현하지 않는다.
- 타인이나 집단이 결정한 것에 따른다.

평가서 2-1   I'm OK, You're OK 실천계약과 소감 나누기

- 제2회기 집단의 주제와 가장 좋았던 점은

_____

_____

_____ 이었다.

- 이번 회기를 통해 나 자신이 지킬 실천계약 한 가지는

_____ 다.

- 우리 프로그램에 대한 나의 만족도는

_____

_____

_____ 다.

1. 매우 만족 ( )	2. 조금 만족 ( )	3. 보 통 ( )	4. 조금 불만족 ( )	5. 매우 불만족 ( )

사인: _____   날짜: _____년 _____월 _____일

3) 제3회기: 소통의 터

목 표	• 과녁 맞히기를 통해 감정을 교류한다 • 상보교류와 인정자극을 통해 긍정적인 자아상을 이해한다.		
단 계	내 용	준비물	시 간
도 입	• 지난 회기 경험 나누기 • 제3회기 교육내용 및 진행방식에 대해 소개 • 워밍업: 반갑게 5초 동안 눈인사 하기 - 비언어 의사소통 동작치료와 과녁 맞히기		20분
전 개	• 감정 빙고게임을 통한 상보교류 • 효과적인 대화와 감정의 쌍방통행 '과녁 맞히기' 짝궁작업 • 상보교류, 교차교류, 이면교류 작업	- 〈활동자료 3-1〉 〈활동자료 3-2〉 〈활동자료 3-3〉 - 필기도구	80분
종 결	• 상보교류와 쌍방통행 과녁 맞히기 의사소통 강화 • 제3회기 실천계약 및 소감 나누기 • 제4회기 안내: 과제 안내(나의 장점 찾기 삼십 가지)	- 〈평가서 3-1〉	20분
유의사항	• 워밍업 전에 1분간 지난 회기를 떠올리며 명상의 시간을 갖는다. • 설명보다는 자연스럽게 교류패턴 분석이 느껴지게 하는 것이 좋다. • 부정적 인정자극보다는 언어적, 비언어적 긍정적 인정자극에 초점을 맞춘다.		
기 타	※세부내용 혹은 활동자료 첨부		

(1) 준비(20분)

- 인사를 나눈다.
- 지난 회기 정리 및 제3회기 교육을 간단히 소개한다.
- 게임식, 집단토의식
  - 워밍업으로 비언어 동작 게임을 한다. (예: 5초 동안 짝꿍의 눈을 마주보며스 트로크하기)
  - 모둠별로 언어를 사용하지 않고 몸동작과 손동작을 따라 하는 비언어 소

통으로 거울게임을 한다.

- 비언어의 중요성을 자각한다. 즉, 말을 사용하지 않고 손짓, 발짓, 몸짓을 통한 의사소통을 한다.
- 한 사람이 먼저 두 손을 올리면 다른 팀원들이 똑같이 따라 한다.
- 자율적으로 돌아가면서 쌍방통행 비언어 의사소통의 동작을 교류한다.
- 보이는 것이 전부가 아니며 내가 알고 있는 것이 오해일 수 있음을 자각하고 나와 타인을 이해한다.

(2) 활동(80분)

〈진행방법〉

◉ 감정단어를 통한 상보교류(〈활동자료 3-1〉)

- 지금 느껴지는 감정을 선택한다(예: 기쁨, 우울함, 답답함, 긴장됨 등).
- 감정단어 하나를 선택하여 모둠원에게 비언어적 얼굴표정으로 설명한다.
- 친구의 표정을 보고 희로애락을 알아맞힌다.
- 모둠원이 돌아가면서 자신의 감정을 상보교류를 통해 표현한다.

◉ 감정 빙고게임(〈활동자료 3-2〉)

- 지금 현재 자신이 느끼는 감정(희 · 노 · 애 · 락) 열여섯 가지(16가지)를 활동자료에 작성한다.
- 집단원이 적어 놓은 자신의 감정 하나를 이야기할 때마다 다른 집단원들은 한 칸씩 지운다. (싸인펜이나 색연필을 이용하여 지우는 작업을 한다.)
- 가장 먼저 모든 감정단어를 찾은 친구에게 지금의 감정을 교류하게 하고 작은 선물을 준다.

◉ 과녁 맞히기를 통한 대화법 연습

- 가까이 말하는 사람을 향한다.
- 이야기를 들을 때 지긋이 시선을 맞춘다.
- 이야기 도중에 '음' '그래' '맞아' 등 고개를 끄덕이며 과녁 맞히기를 통한 지지와 공감을 경험한다.

과녁 맞히기	사실지향적 대화	관계지향적 대화
목 적	지식이나 정보의 전달	친밀감, 신뢰감의 조성
입 장	자기 입장	상대방의 입장
수 단	설명, 설득, 대결, 지적	공감, 수용, 칭찬, 인정
길 이	간단명료	쓸데없이 길게 대화
진실성	진실	꼭 진실해야 하는 것은 아님
초 점	분명	분명하지 않을때가 많음

◉ **교류패턴 분석을 통한 나와 친구의 대화패턴 화살표 표시작업(〈활동자료 3-3〉)**

• 상보교류: 발신자가 기대하는 대로 수신자가 응답해 가는 상호 바람직한 긍정교류

• 교차교류: 발신자가 어떤 반응을 기대하고 시작한 대화가 중도에 단절되거나 싸움이 되어 의견이 일치하지 않는 교류

• 이면교류: 표면상으로 말한 속마음에 실제로 숨겨진 의도를 지닌 심리적 메시지를 담고 있는 교류

• A 자아상태가 의식하지 못한 상태에서 자신, 타인, 환경, 자극, 문제, 선택, 존재, 중요성, 변화가능성, 개인적 능력에 대해 무시하거나 깎아내리는 것(에누리)

　－ 대화의 걸림돌: 부적절한 경청태도, 가치관의 차이, 비판적 태도, 말 안 하기, 자기 자랑, 용서에 인색, 환경이나 문화 차이

◉ **자아상태 이해**

P, A, C를 적절히 기능하고 심리게임에서 벗어나며 자율각본으로 바꾸는 것이다.

• 어버이 자아(P) → CP(통제적, 독립적)/NP(양육적)

• 어른 자아(A) → 현실적 · 구체적 · 실제적

• 어린이 자아(C) → FC(자유스러운)/AC(순응적)

◉ P, A, C 대화의 예

- A→P 대화사례: 철수(A): 12명이 모두 참석하지 않았는데 기분 어때?

  영희(P): 요즘 청소년은 시간 약속을 안 지켜서 걱정이야.

- A→A 대화사례: 철수(A): 언제 출발했니?

  영희(A): 응, 6시 30분 차로 지금 방금 출발했어.

- A→C 대화사례: 철수(A): 독감에 걸려 목소리가 나오지 않아 노래할 수 없을 것 같아.

  영희(C): 어쩔 수 없지. 목이 잠겼으니 내가 대신할게.

- C→P 대화사례: 철수(C): 우리 영화나 보러 갈까?

  영희(P): 숙제할 거 쌓아 놓고 무슨 소리야? 너 철없는 소리 그만해.

- C→C 대화사례: 철수(C): 자율학습 시간 빼먹고 영화 보러 갈까?

  영희(C): 좋아, 내가 바라던 바야.

- C→A 대화사례: 철수(C): 자율학습 시간 빼먹고 영화 보러 갈까?

  영희(A): 자율학습 끝나고 6시 30분 땡 하면 가자. 내가 5분 전에 전화할게.

- P→P 대화사례: 철수(P): 내가 20분을 기다렸는데 전화연락도 안 하고, 손이 없니?

  영희(P): 나도 화가 나, 뛰어오느라 힘들었는데 그게 나한테 할 소리니?

- P→C 대화사례: 철수(P): 늦으면 늦는다고 말을 해야지?

  영희(C): 어쩔 수 없었어, 놀다 보니……. 조금 늦었는데 뭐.

- P→A 대화사례: 철수(P): 내가 20분을 기다렸는데 전화연락도 안 하고 그럴 수 있니?

  영희(C): 20분 전에 문자 세 통 보냈고, 오전에 늦는다고 네 책상에 미리 적어 놓았어.

〈준비물〉

- 〈활동자료 3-1〉〈활동자료 3-2〉〈활동자료 3-3〉

(3) 마무리(20분)

- 이번 제3회기 〈평가서 3-1〉을 작성하고 사인한다.
- 소감 나누기를 한다.
- 제4회기 활동을 안내한다.
- 과제를 안내한다.
  - 과녁 맞히기를 활용한 장점 삼십 가지 적어 오기

활동자료 3-1	감정단어
종 류	감정단어
희(喜) - 기쁨	감사한, 고마운, 기쁜, 날아갈 듯한, 흐뭇한, 눈물겨운, 통쾌한, 살맛 나는, 짜릿한, 좋은 등
노(怒) - 노여움	고통스러운, 구역질 나는, 괴로운, 노한, 모욕적, 분노, 불만스러운, 불쾌한, 속상한, 실망한 등
애(哀) - 슬픔	걱정되는, 가슴 아픈, 고민스러운, 괴로운, 기분 나쁜, 섭섭한, 우울한, 절망적인, 창피한 등
락(樂) - 즐거움	가벼운, 경쾌한, 명랑한, 산뜻한, 상쾌한, 상큼한, 신나는, 활발한, 흥분되는, 희망찬, 밝은 등
애(愛) - 사랑	감미로운, 그리운, 다정한, 묘한, 사랑스러운, 상냥한, 열렬한, 화끈거리는, 호감이 가는 등
오(惡) - 미움	고통스러운, 괴로운, 귀찮은, 근심스러운, 끔찍한, 미운, 무정한, 부담스러운, 서운한, 싫은 등
욕(欲) - 바라다	간절한, 애끓는, 절박한, 초조한, 호기심, 후회스러운, 바라는, 기대하는, 찜찜한, 갈망하는 등

활동자료 3-2　감정 빙고게임

| 활동자료 3-3 | 의사소통과 나의 교류패턴 |

가족이나 친구들과 나누는 상보교류, 교차교류, 이면교류의 사례를 3개씩 들어 보세요.

교 류	사 례
상보	
교차	
이면	

자신과 타인 간에 대화 때문에 오해하고 에누리하는 경우의 사례를 들어 보기

_____

_____

_____

내가 타인에게 자주 사용하는 상보교류, 교차교류, 이면교류 의사소통은 무엇인가?
'나의 대화방법에 따라 적절한 기능을 화살표 표시로 선택하여 표시하고 역할교류'

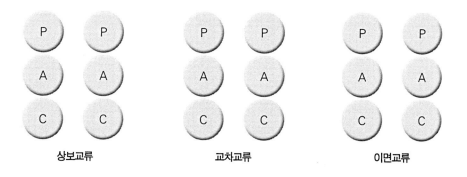

상보교류　　　　　　교차교류　　　　　　이면교류

| 평가서 3–1 | I'm OK, You're OK 실천계약과 소감 나누기 |

• 제3회기 집단의 주제와 가장 좋았던 점은

_____

_____

_____ 이었다.

• 이번 회기를 통해 나 자신이 지킬 실천계약 한 가지는

_____ 다.

• 우리 프로그램에 대한 나의 만족도는

_____

_____ 다.

1. 매우 만족 ( )	2. 조금 만족 ( )	3. 보 통 ( )	4. 조금 불만족 ( )	5. 매우 불만족 ( )

사인: _____   날짜: _____년 _____월 _____일

4) 제4회기: 갈등해결의 터

목 표	• 긍정적 인정자극과 부정적 인정자극의 반응을 이해하고 잘 사용한다. • 스트레스와 인정자극 필터를 자각하고 건강한 인정자극의 효율성을 향상시킨다.		
단 계	**내 용**	**준비물**	**시 간**
도 입	• 지난 회기 경험 나누기 • 제4회기 인정자극 나누기 • 가위바위보 동작치료게임으로 인정자극 주기	– 편안한 마음	20분
전 개	• 인정자극 필터 자각하기: 긍정적 인정자극, 부정적 　인정자극 문장반응 다루기 　 – 내 탓, 남 탓, 무기력 날리기 스트레스 타파 　 – 타파를 위한 경제법칙 다섯 가지 '말할괜됐까' 법칙 • 소감 및 느낌 나누기	– CKEO검사 결과 　지 내 활동자료 – 포스트잇, 펜 – 〈활동자료 4-1〉 – 〈활동자료 4-2〉	80분
종 결	• 스트레스에서 벗어나 긍정적 인정자극 강화 • 제4회기 실천계약 및 소감 나누기 • 제5회기 안내	– 〈평가서 4-1〉	20분
유의사항	• 인정자극 에누리 다루기를 할 때도 긍정적이고 원만한 관계형성을 돕는다. • 상호 긍정적인 인정자극을 돕는다.		
기 타	※ 세부내용 혹은 활동자료 첨부		

(1) 준비(20분)

- 인사를 나눈다.
- 지난 회기 정리와 제4회기 교육내용 및 진행방식에 대해 소개한다.
  - 자신과 타인의 인정자극을 이해하고 흥미 있게 접근한다.
- 게임식, 집단토의식
  - 가위바위보 동작치료게임: 신체언어(body language) 커뮤니케이션으로 갈
    등에 대한 진통제 효과를 경험하고 실천한다.
  - 짝과 함께 가위바위보를 하여 순서를 정하기

- 짝꿍과 한 손을 잡고 다른 한 손으로 가위바위보를 한다.
- 이기는 가위바위보 게임: 상대가 먼저 가위를 냈으면 나는 바위를 내면서 이기는 게임
- 지는 가위바위보 게임: 상대가 먼저 가위를 냈으면 내가 보를 내면서 지는 게임
- 집단리더는 오른손을 올려서 시범을 보이고 집단원 모두 오른손을 높이 올리게 한다.
  - 오른손과 왼손을 바꾸어 가며 이기고 지는 가위바위보 게임을 실시한다.
  - 이기는 것보다 지는 것이 어려운 것에 대한 피드백을 교류하고 최근에 친구에게 오해했던 불편한 감정에 대한 대화를 주고받는다.
- 이기는 것은 쉬우나 지는 것에 대한 어려움을 공유하고 공감하는 시간을 갖는다.

(2) 활동(80분)

〈진행방법〉

◉ 인정자극에 필터 자각하기 교류

- 집단원은 각자 포스트잇에 무기명으로 자신이 고치고 싶은 단점을 적고 두 번 접는다.
- 박스를 준비하고 다른 사람이 보이지 않게 집어넣는다.
- 흔들어서 집단원이 1장씩 제비를 뽑는다.
- 경제 5법칙 중 어느 영역인지 알아맞힌 후에, 단점을 장점으로 바꾸는 작업을 통해 긍정적인 자각을 이끈다.
- 경제 5법칙
  - 말 안 하기 법칙
  - 할 수 있어 법칙
  - 괜찮아 법칙
  - 됐어 법칙
  - 까칠하기 법칙
- 스트레스 요인 타파와 내 탓, 남 탓, 무기력을 날리기 위한 언어적, 비언어적,

조건적 인정자극 사례를 들고 대화하기(〈활동자료 4-1〉 활용)

- '말할괜됐가 법칙'을 활용한 인정자극 필터 대화(〈활동자료 4-1〉 활용)
  - 인정자극이란: 신체, 정신에 언어적, 비언어적으로 자신의 반응을 상대에게 알리는 인간인식의 단위
  - 긍정적 인정자극, 부정적 인정자극으로 구분: 신체적 · 언어적 · 조건적(행동이나 태도), 무조건적(존재), 인정자극의 양과 질, 타이밍 상태

〈준비물〉

- 포스트잇, 펜
- 〈활동자료 4-1〉 〈활동자료 4-2〉

(3) 마무리(20분)

- 제4회기 정리 및 소감을 이야기한다.
- 평가서를 작성한다.
- 제5회기 활동을 안내한다.

활동자료 4-1   **언어적 · 비언어적 인정자극**

가족과 친구와의 관계에서 언어적 · 비언어적 인정자극과 조건적 · 무조건적 인정자극의 예를 각각 들어 보고 느낌을 나누어 보자.

인정자극	언어적	비언어적	조건적	무조건적
긍정적				
부정적				

Steiner의 인정자극 경제의 5법칙(말할괜됐가 법칙)을 타파하기 위한 생활현장에서 각각의 사례를 적어 보자.

- 주어야 하는 인정자극이 있어도 그것을 타인에게 주어서는 안 된다.

  (사례: ○○이가 유리창을 깨끗이 닦아서 보기가 좋구나.)

  _____

  _____

  _____

- 원하는 인정자극을 타인에게 요구해서는 안 된다.

  (사례: 네가 엄마에게 예의 바르게 행동했으면 좋겠어. 할 수 있지?)

  _____

  _____

  _____

- 원하는 인정자극이 와도 받아들여서는 안 된다.

  (사례: 현규야! 고맙다, 엄마를 그렇게까지 생각해 주니.)

  _____

  _____

  _____

- 원하지 않는 인정자극이 왔을 때에는 그것을 거부해서는 안 된다.

  (사례: 고맙지만, 이 일은 내가 할 일이니 너희들 할 일을 해라.)

  _____

  _____

  _____

- 자기 자신에게 인정자극을 주어서는 안 된다.

  (사례: 이 정도면 나는 대단한 거야.)

  _____

  _____

  _____

활동자료 4-2	기능분석 대화와 인정자극

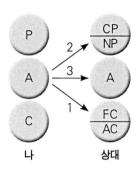

A→CP 대화와 인정자극(주도, 적극적):

_____

_____

A→NP 대화와 인정자극(공감, 배려):

_____

_____

A→A 대화와 인정자극(사실, 구체적):

_____

_____

A→FC 대화와 인정자극(재미, 유쾌한):

_____

_____

A→AC 대화와 인정자극(감정 읽어 주기):

_____

_____

| 평가서 4-1 | I'm OK, You're OK 실천계약과 소감 나누기 |

• 제4회기 집단의 주제와 가장 좋았던 점은

_____

_____

이었다.

• 이번 회기를 통해 나 자신이 지킬 실천계약 한 가지는

_____

다.

• 우리 프로그램에 대한 나의 만족도는

_____

_____

다.

1. 매우 만족 ( )	2. 조금 만족 ( )	3. 보 통 ( )	4. 조금 불만족 ( )	5. 매우 불만족 ( )

사인: _____   날짜: ____년 ____월 ____일

5) 제5회기: 비전의 터

목표	• 인생각본의 의미와 유형을 이해한다. • 승자와 패자 각본을 통해 자존감 향상에 도움을 주고받는다. • 비전 명함 만들기를 하여 자신의 꿈을 표현해 본다.		
단 계	내 용	준비물	시 간
도 입	• 지난 회기 경험 나누기(장점 과제 점검/서로의 장점 나누기) • 직업 초성게임 　- 직업에 관련된 초성단어 카드를 준비한다. 집단원(또는 모둠별)에게 답을 적을 수 있는 스케치북과 펜을 주고 골든벨 형식의 게임을 시작한다. 　- 정답을 쓰고 직업에 대한 개념과 전망을 이야기할 수 있는 기회를 갖는다.	-〈활동자료 5-1〉 - 초성단어 카드	20분
전 개	• 인생각본 이야기하기 　- 아동·청소년기에는 부모의 영향에 의해서 금지령 유형이 만들어지고 프로그램화되고 순응적인 삶으로 만들어진 각본형성에 대해 이야기 나눈다. • 승자와 패자의 각본 다루기 • 세상에 하나밖에 없는 비전 명함 만들기 　- 솔로몬 따라잡는 꿈의 트리 맵을 이미지나 그림으로 표현하기	-〈활동자료 5-2〉 〈활동자료5-3〉 〈활동자료 5-4〉 -명함틀, 네임펜	80분
종 결	• 제5회기 정리 및 승자각본 계약을 작성하고 소감 나누기 • 제6회기 안내	-〈평가서 5-1〉	20분
유의사항	• 참가자가 서로 신뢰할 수 있는 분위기를 조성한다. • 게임형식의 프로그램을 통해 직업에 대한 다양성과 자기이해 경험을 한다. • 명함 작업 시 집중할 수 있도록 한다.		
기 타	※ 세부내용 혹은 활동자료 첨부		

(1) 준비(20분)

- 지난 회기 과제 나누기를 한다.
  - 자신의 장점과 타인의 장점을 교류한다.)
- 제5회기 교육내용 및 진행방식에 대해 소개한다.
- 직업 초성게임
  - 직업에 관련된 초성단어 카드를 준비한다.
  - 집단원(또는 모둠별로)에게 답을 적을 수 있는 스케치북과 펜을 나누어 준다. 골든벨 형식의 게임 진행방식으로 초성단어를 알아맞힌다.
  - 정답을 쓰고 직업에 대한 개념과 전망을 이야기할 수 있게 기회를 준다.
  - 자신이 흥미를 가지고 있는 직업에 대해 이야기를 할 수 있도록 한다.
  - 초성 정답의 예: 변호사/간호사/선생님/요리사/스튜디어스/프로그래머/아티스트/회계사/코디네이터/바리스타/공무원/군인/상담사/농부/작가

(2) 활동(80분)

〈진행방법〉

- 강의식, 집단토의식

〈강의내용〉

- 인생각본을 이야기한다.
- 아동 · 청소년기에는 부모의 영향에 의해서 금지령 유형이 만들어지고 프로그램화되고 순응적인 삶으로 만들어진 각본형성에 대해 이야기 나눈다.
  - 인생각본이란 어린 시절에 만들어지고 부모에 의해 강화되며 후속 사건에 의해 정당화되어 양자택일의 순간 결정에 달하게 되는 무의식적 인생계획을 말한다.
  - 인생에서 같은 것을 습관적으로 반복하는 패턴을 자각한다.
  - 때와 장소만 다를 뿐 같은 것의 반복이 인생의 대부분 각본형성 과정을 알고 불필요한 인생각본(생활양식)에서 탈출하게 한다.

◉ 금지령

- 존재해서는 안 된다.
- 남자(여자)여서는 안 된다.
- 아이들처럼 즐겨서는 안 된다.
- 성장해서는 안 된다.
- 성공해서는 안 된다.
- 실행해서는 안 된다.
- 중요한 인물이 되어서는 안 된다.
- 모두의 무리 속에 들어가선 안 된다.
- 사랑해서는 안 된다.
- 건강해서는 안 된다.
- 생각해서는 안 된다.
- 자연스럽게 느껴서는 안 된다.

◉ 간편 각본 질문지를 작성해 보고 이야기 나누기(〈활동자료 5-2〉)

구 분	승 자	패 자
기본정신	Top-dog mind	Under-dog mind
시간	지금 – 여기(현재)	과거의 기억, 미래의 불안에 사로잡힘 (망상)
단서	"나는 잘못을 하지만 두 번 다시 실수를 반복하지 않는다." "역시 이것이 올바른 방식이 분명하다."	"만약 ~이 없었더라면……." "~하면 좋았을 텐데." "만약 불행하게 ~이 일어났더라면……."
주제파악	자기인식(주인의식)	자기인식의 결여(손님의식)
책임	독립이행 후 점차 상호의존	책임회피
조직적 테크닉	벗어나려 함	보다 의존적임
잠재능력	자각성, 자발성, 친밀성	타율성, 수동성, 비친밀성
자아실현	자아실현	자아실현의 장애

◉ **승자와 패자의 각본 작성해 보기(〈활동자료 5-3〉)**

• 세상에 하나밖에 없는 비전 명함 만들기

   - 명함에 필요한 요소를 생각해 본다.

   - 자신이 원하는 색지를 고르고 네임펜으로 명함을 꾸며 본다.

   - 자기명함을 소개하고 교류해 본다.

   - 명함을 집단원과 주고받는다.

〈준비물〉

• 〈활동자료 5-1〉〈활동자료 5-2〉〈활동자료 5-3〉〈활동자료 5-4〉

• 명함 크기의 개인별 색지, 네임펜

(3) 마무리(20분)

• 제5회기 실천계약을 작성하고 소감을 나눈다.

• 평가서에 사인을 한다.

• 제6회기 활동을 안내한다.

| 활동자료 5-1 | 초성단어게임 |

ㅂ ㅎ ㅅ	ㄱ ㅎ ㅅ	ㅅ ㅅ ㄴ
ㅇ ㄹ ㅅ	ㅅ ㅌ ㄷ ㅇ ㅅ	ㅍ ㄹ ㄱ ㄹ ㅁ
ㅇ ㅌ ㅅ ㅌ	ㅎ ㄱ ㅅ	ㅋ ㄷ ㄴ ㅇ ㅌ
ㅂ ㄹ ㅅ ㅌ	ㄱ ㅁ ㅇ	ㄱ ㅇ
ㅅ ㄷ ㅅ	ㄴ ㅂ	ㅈ ㄱ

활동자료 5-2	간편 각본 질문지

• 어머니/ 아버지(역할을 한 사람)를 설명하는 다섯 단어를 말하세요.

_____

_____

_____

_____

_____

• 내가 어린 시절 무엇을 했을 때 부모님이 기뻐했나요?

_____

_____

_____

_____

_____

• 현재 상태를 계속 유지한다면 나는 10년 후에 어떻게 될까요?

_____

_____

_____

_____

_____

• 지금 마법의 소원을 빌 수 있다면 무엇을 변화시킬 수 있을까요?

_____

_____

_____

_____

_____

활동자료 5-3   **승자, 패자 각본 사례 적어 보기**

사람들의 각본내용은 마치 사람의 지문처럼 각각 독특한 것이다. 현재 생활에서 당신이 가지고 있는 승자각본과 패자각본을 적어 봅시다.

각 본	사 례
승자각본	
패자각본	

활동자료 5-4   비전 명함 만들기

평가서 5-1　　I'm OK, You're OK 실천계약과 소감 나누기

• 제5회기 집단의 주제와 가장 좋았던 점은

_____

_____

_____ 이었다.

• 이번 회기를 통해 나 자신이 지킬 실천계약 한 가지는

_____

_____ 다.

• 우리 프로그램에 대한 나의 만족도는

_____

_____

_____ 다.

1. 매우 만족 ( )	2. 조금 만족 ( )	3. 보 통 ( )	4. 조금 불만족 ( )	5. 매우 불만족 ( )

사인: _____　　　날짜: _____년 _____월 _____일

6) 제6회기: 선택의 터

목표	• 시간의 구조화를 통해 선택하고 조절하는 방법을 배운다. • 시간의 구조화를 하고 선택과 조절능력을 기른다.		
단 계	**내 용**	**준비물**	**시 간**
도 입	• 휴일 경험 나누기 • 제6회기 교육내용 및 진행방식에 대해 소개	-〈활동자료 6-1〉	20분
전 개	• 시간의 구조화 이해하기(여섯 가지 범주 분류작업) 　-폐쇄-의식-활동-잡담-심리게임-친밀 • '브로드웨이의 손'작업으로 자신의 원트 탐색하기 • 시간의 구조화 일주일 과제 내주기 　- 우선순위에 따른 일주일 단기 목표를 세우고 계약 　　으로 행동경험 만들기(과정각본의 변화를 촉진하 　　는 시간의 구조화 계약) • 이야기하면서 마무리한다.	-〈활동자료 6-1〉 　〈활동자료 6-2〉 　〈활동자료 6-3〉 - 포스트잇, 여섯 가 　지 색지	80분
종 결	• 승자각본과 패자각본에 대한 비교를 하여 승자가 되 　기 위한 계약서 작성 및 교류 • 제6회기 프로그램 느낌 나누기 • 제7회기 안내	-〈평가서 6-1〉	20분
유의사항	• 참가자가 서로 신뢰할 수 있는 분위기를 조성한다. • 시간의 여섯 가지 범주에 대한 보편성을 나눈다. • 비난하지 말고 시도에 대한 부분을 강조한다. • 집단에서 일어나는 모든 반응과 행동에 대해 긍정적인 피드백을 해 준다.		
기 타	※ 세부내용 혹은 활동자료 첨부		

(1) 준비(20분)

- 휴일 경험을 나눈다.
- 제6회기 교육내용 및 진행방식에 대해 소개한다.

(2) 활동(80분)

〈진행방법〉

• 활동자료, 집단토의식

〈강의내용〉

• 시간의 구조화(여섯 가지 범주 분류작업)를 이해한다(〈활동자료 6-1〉).
  - 폐쇄: 자기를 타인으로부터 멀리하고 대부분의 시간을 공상이나 상상으로 지내며 자기에게 인정자극을 주려고 하는 자기애적인 것이다. 폐쇄의 대표적인 예는 백일몽이나 공상에 젖는 것이다.
  - 의식: 일상적인 인사에서부터 복잡한 결혼식이나 종교적 의식에 이르기까지 전통이나 습관에 따름으로써 인정자극을 유지하는 것이다. 상호 간의 존재를 인정하면서 누구와도 특별히 친하게 지냄 없이 일정한 시간을 보내게 됨으로써 의식적인 시간의 구조화라고 말한다.
  - 활동: 여기서 말하는 풍부한 인간관계와 지금까지 말한 소극적인 인간관계의 중간에 위치하는 것이다. 이 방법은 밝고 무리가 없는 실용적인 형태를 취하면 건설적인 교류가 된다. 그러나 이것의 부정적인 면은 가족과 함께하는 시간이나 아이들의 문제를 피하기 위해서 일에 전념하는 경우를 들 수 있다.
  - 잡담: 어울려서 이야기에 정신이 팔렸다든가, 노인이 손자 자랑을 한다든가, 특정 인물의 소문을 화제로 하여 시간을 보내는 것이다. 이는 깊이 들어가지 않고 인정자극을 주고받는다는 점에서 비교적 단순한 상보교류라고 할 수 있다.
  - 심리게임: 일종의 필요악과 같은 교류로서 실제에는 인생에 불가결한 역할을 연출하고 있다. 게임을 연출하는 사람은 어릴 때 부모와 자식 간의 교류에서 어딘가 잘 맞지 않는 데가 있기 때문에 순순히 인정자극을 얻을 수 없었던 사람들이 많다. 인정자극 면에서 게임은 어떤 이유로도 신뢰와 애정이 뒷받침된 진실한 교류가 영위되지 않기 때문에 부정적 인정자극을 교환하고 있는 것이다.
  - 친밀: 두 사람이 서로 신뢰하며 상대방에 대하여 순수한 배려를 하는 진

실한 교류라고 말할 수 있다. 이 교류를 습관화하기 위해서는 'I'm OK, You're OK.'라고 하는 기본적인 자세를 몸에 익힐 필요가 있다. 친밀은 교류분석이 목표로 하는 이상적인 시간의 구조화 방법이다.

- '브로드웨이의 손' 작업으로 원트 탐색 게임(지금이 휴일이라면?) 활동자료에 자신의 손을 본떠서 그리고, 손바닥-좌우명, 잘하는 것, 슬펐던 것, 업적, 기쁜 일, 나와의 약속을 적어 꾸며 본다(〈활동자료 6-2〉).
- 이번 주 목표의 우선순위를 정하고 요일별 내용, 성취도(%), 목표를 달성하는 데 방해되는 요인(과정각본)을 찾는다(〈활동자료 6-3〉).
- 이야기하면서 마무리한다.

〈준비물〉
- 〈활동자료 6-1〉〈활동자료 6-2〉〈활동자료 6-3〉
- 컬러링 재료

(3) 마무리(20분)
- 제6회기 실천계약 및 소감 나누기를 한다
- 제7회기 활동을 안내한다.
- 평가서를 작성한다.

활동자료 6-1	시간의 구조화 사례

집에서

시간의 구조화	사 례	비율(%)
폐쇄		
의식		
활동		
잡담		
심리게임		
친밀		

학교에서

시간의 구조화	사 례	비율(%)
폐쇄		
의식		
활동		
잡담		
심리게임		
친밀		

활동자료 6-2   **브로드웨이의 손**

자신의 손을 본떠서 그리고, 좌우명(손바닥), 잘하는 일(엄지), 슬펐던 일(검지), 나의 업적(중지), 기쁜 것(약지), 나와의 약속(소지)을 적고 꾸며 본다.

활동자료 6-3	'시간의 구조화' – 과제

이번 주 목표(우선순위 정하기)	
순 위	주간 목표
1	
2	
3	

요 일	내 용	성취도(%)	방해요인(과정각본)
월			
화			
수			
목			
금			
토			
일			

평가서 6-1   **I'm OK, You're OK 실천계약과 소감 나누기**

• 제6회기 집단의 주제와 가장 좋았던 점은

_____

_____

                                                    이었다.
_____

• 이번 회기를 통해 나 자신이 지킬 실천계약 한 가지는

                                                        다.
_____

• 우리 프로그램에 대한 나의 만족도는

_____

_____

                                                        다.
_____

1. 매우 만족 ( )	2. 조금 만족 ( )	3. 보 통 ( )	4. 조금 불만족 ( )	5. 매우 불만족 ( )

사인: _____   날짜: _____년 _____월 _____일

7) 제7회기: 열매의 터

목 표	• 인생태도 작업을 통해 올바른 인생태도를 확립한다. • 꿈의 시각화 작업을 통해 자신의 미래를 구체화 할 수 있도록 한다.		
단 계	내 용	준비물	시 간
도 입	• 지난 회기 점검하기 • 제7회기 프로그램 목표 및 활동을 소개한다. • 꿈의 시각화를 위한 워밍업		20분

전 개	• 인생태도 I'm OK, You're OK 활동자료
	• 꿈의 시각화하기
	  (콜라주 작업: 액자 모양이 그려진 활동자료)
		- CKEO검사 결과지
		- 〈활동자료 7-1〉
		  〈활동자료 7-2〉
		- 풀, 잡지
			80분

종 결	• 인생태도 개선에 대한 자율시스템 강화 • 제7회기 실천계약과 소감 나누기 • 제8회기 안내	- 〈평가서 7-1〉	20분
유의사항	• 강점 작업을 할 때 장난스럽게 하지 않는다. • 강점을 찾을 때 단점의 이면을 다루어 준다. • 꿈의 시각화 작업을 할 때 서로 배려하고 협력한다.		
기 타	※ 세부내용 혹은 활동자료 첨부		

(1) 준비(20분)

• 꿈의 시각화를 위한 워밍업으로 눈을 감고 지금 들리는 것, 느껴지는 것을 교류한다.
• 제7회기 교육내용 및 진행방식에 대해 소개한다.

(2) 활동(80분)

〈진행방법〉

• 강의식, 집단토의식

〈강의내용〉

◉ CKEO검사 결과지로 인생태도를 이해

인생태도란 자기 자신이나 타인에게서 지각되는 기본적인 가치에 대한 근본적 자세를 의미한다. 그러므로 이것은 자신과 타인의 행동에 대한 어떤 단순한 의미 이상의 것이다.

• 〈활동자료 7-1〉을 활용하여 자신의 인생태도를 점검한다.
• 인생태도의 네 가지 유형
  - 1유형: 자타긍정 태도, 협력적 태도, 친교, 친밀, 공존
  - 2유형: 자기부정, 타인긍정, 도피적 태도, 우울증, 자책, 회의, 열등감, 자기비하
  - 3유형: 자기긍정, 타인부정, 강박증, 독선, 배타, 우월감, 타벌적, 편집증
  - 4유형: 자타부정 태도, 만사무용, 분열증, 부조화, 불신, 포기

태 도 / 행동 측면	NOT OK-OK	NOT OK-NOT OK	OK-NOT OK	OK-OK
타인과의 관계	- 타인에게 실수할까 걱정한다.	- 타인을 믿지 않고 자신도 믿지 않는다.	- 지배·추궁·징벌·배타적이다.	- 타인과 호의적이고 자율적인 관계
자신과의 관계	- 자신을 갖지 못한다. - 자기는 강하지 못하고 무능하다고 생각한다.	- 존재하는 권리의 부정 - 자기에 대해서도 공격적이 된다. - 인간적 수용의 거부	- 타인의 진리를 바르게 수용하는 경험이 없다.	- 자기를 존중하고 소중하게 생각한다.
분노의 감정	- 욕구불만의 분노 - 분노를 마음속으로 축적한다.	- 반항적인 분노 - 체제나 세상에 대한 분노를 품고 있다. - 희망 없는 세계에 대한 분노	- 원한의 분노를 품고 있다.	- 분노를 표시해야 할 때에는 자유롭게 표출한다.
두려움의 감정	- 실패에 대한 두려움	- 버림받는다든지 혼자서만 있게 된다는 두려움이 있다.	- 타인을 지배하는 힘을 잃을까 봐 두려워한다.	- 두려워할 때는 두려워할 자유가 있다.

인생에서 지향하는 인생관	- 무엇을 원하는지 자신도 잘 모른다. - 자기 것도 차지하지 못한다. - 문제나 책임으로 부터 도피한다. - 낙담한다.	- 인생의 목표가 없다. - 될 대로 되라는 인생이다.	- 흑이냐 백이냐 극우나 극좌가 아니면 마음이 편하지 않다. - 경직된 인생	- '지금-여기'에 산다. - 성공을 목표로 하는 승자의 생활 - 자유롭게 자기를 바꾸려고 노력한다.
커뮤니케이션	- 타인을 비난 - 자기방위 - 자기 합리화	- 적대감을 가지고 있다. - 험악 · 당돌 - 반항적	- 자기방위 - 공격적	- 개방적
역할 · 책임	- 두려움에서 할 수 없이 인수	- 맡지 않으려고 술수를 쓴다. - 선배에게 맡긴다. - 투덜거리면서 인수	- 거래를 한다. - 끝 때까지 끌어 본다.	- 언제나 수용할 태세를 갖춘다.
발전 · 성장 학습 · 개발	- 코치해 주길 바란다. - 안심을 주어야 할 수 있다. - 느리다.	- 곤란해 하고 퇴행하며 실수를 반복한다.	- 곤란 - 학습에 벽이 있다.	- 자주적
타인과의 불일치의 처리	- 불일치는 자기가 적절하지 못해서라고 느긴다.	- 불일치를 더욱 조장한다. - 제3자를 끌어들인다.	- 타인을 몰아붙인다.	- 불일치의 근원을 찾아본다. - 서로 해결방법을 찾아본다.
문제해결	- 타인에게 의존한다.	- 문제에 압도당한다.	- 일방적으로 타인의 의견을 무시 또는 거부	- 자신감을 가지고 타인과 협력하고 대화를 한다.
시간의 구조화	- 혼자 생각한다. - 쉬지 않고 일을 하며 과대보상을 한다. - '구원자'를 찾는다. - '희생자'를 연출한다.	- 자폐상태 - 게임의 열중 - '박해자'를 찾는다. - '희생자'를 연출한다.	- 고함을 친다. - 타인을 화나게 한다. - '박해자'를 연출한다. - '구원자' 역할을 한다.	- 필요한 행동만을 한다. - 게임을 하지 않는다. - 타인과 잘 어울린다.
자기에 대한 느낌	- 자기의 부족감 - 열등의식	- 낙담 - 소외	- 동료보다 우월하다고 느낌	- 평등

◉ **꿈의 시각화(〈활동자료 7-2〉)**

- 꿈에 대해서 이야기한다.
- 잡지를 이용하여 꿈을 찾기 위한 콜라주 작업을 한다.
- 잡지에서 미래의 직업이나 자신의 모습을 찾아 액자 안에 붙이게 한다.
- 잡지에서 그림이나 사진을 골라 자른 다음 액자 안에 붙인다.
- 붙인 그림에 대해 이야기를 나눈다.

〈준비물〉

- 〈활동자료 7-1〉〈활동자료 7-2〉
- 잡지, 가위, 풀, 필기도구

(3) 마무리(20분)

- 제7회기 실천계약 및 소감을 이야기한다.
- 평가서를 작성하고 사인한다.
- 제8회기를 안내한다.

당신에 대해 어떻게 생각하는지 커렐로그램을 그리고 각 영역에 나타나는 이유를
적어 보세요.

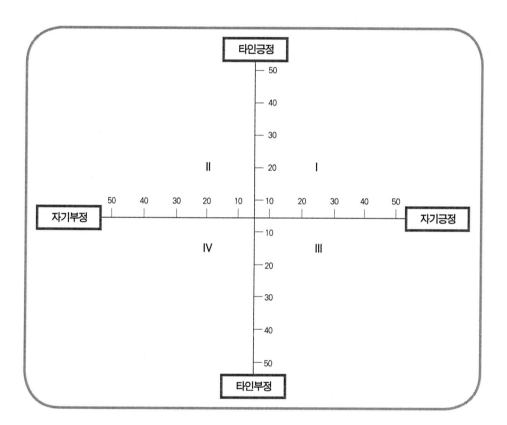

유 형	이 유	주로 사용한 인정자극
I		
II		
III		
IV		

당신은 인생태도 유형 중에 주로 어느 유형이라고 생각하는가? 이유는?

_____

_____

_____

_____

_____

_____

_____

활동자료 7-2   **꿈의 시각화**

잡지에서 미래의 자신의 직업이나 자신의 모습을 찾아 액자에 붙여 보세요.

| 평가서 7-1 | I'm OK, You're OK 실천계약과 소감 나누기 |

- 제7회기 집단의 주제와 가장 좋았던 점은

_____

_____

_____ 이었다.

- 이번 회기를 통해 나 자신이 지킬 실천계약 한 가지는

_____ 다.

- 우리 프로그램에 대한 나의 만족도는

_____

_____

_____ 다.

1. 매우 만족 ( )	2. 조금 만족 ( )	3. 보 통 ( )	4. 조금 불만족 ( )	5. 매우 불만족 ( )

사인: _____   날짜: ____년 ____월 __ _일

8) 제8회기: 행복의 터

목표	• 집단 프로그램에서 느낀 감정을 소개하고 프로그램을 마무리한다. • 행복한 자아상을 확립하고 친밀감을 저축한다.		
단 계	**내 용**	**준비물**	**시 간**
도 입	• 제7회기 경험 나누기 • 제8회기 프로그램 목표 및 활동 소개		20분
전 개	• You're OK 롤링페이퍼 • 나에게 쓰는 러브레터 　- 바나나를 활용한 나에게 힘을 붇돋우는 글과 그림 　- 편지지를 활용한 나에게 쓰는 러브레터	- 〈활동자료 8-1〉 　〈활동자료 8-2〉 - 바나나 - 네임펜 - 사인펜	80분
종 결	• 계약서 평가 • 집단원 행복 나누기(작업한 사진 교류, 집단원과 악수하면서 인정자극 교류)	- 계약서	20분
유의사항	• 자기 다짐을 통해 자존감을 함양하게 한다. • 프로그램이 진행되는 동안 지도자가 느꼈던 고마운 점을 이야기한다. • 배운 것을 실천할 수 있도록 격려하고 따뜻한 분위기로 마무리를 한다. • 각 개인이 가지고 있는 가치관은 모두 소중하므로, 타인의 가치관을 존중한다.		
기 타	※ 세부내용 혹은 활동자료 첨부		

(1) 준비(20분)

• 제8회기 교육내용 및 진행방식에 대해 소개한다.

(2) 활동(80분)

〈진행방법〉

• 교육집단식, 집단토의식

⟨강의내용⟩

- 그동안 회기별 프로그램에서 경험을 한 교류분석 내용을 돌아보며 '인간은 모두 OK다. 자신의 운명을 결정하고 변화의 가능성이 있다.'는 교류분석의 철학과 교류분석의 기본적인 사고방식의 자기수용과 자기신뢰 등의 자타긍정성에 대한 확신, 자기존중감 증진에 대한 확신, 모든 것은 마음이 만든다는 확신, 죄업을 단절할 수 있다는 확신, 인간 본성에 대한 회복의 확신으로 프로그램에서 경험한 깨달음을 스스로 표현하는 진정한 인정자극(stroke)으로 의미를 다시 새겨 볼 수 있도록 정리해 준다.
- 진행 1: 집단토의식, ⟨활동자료 8-1⟩ You're OK 롤링페이퍼로 그동안 집단원과의 활동을 통하여 긍정적인 교류관계를 피드백해 준다.

  자율적인 사람은 타인과의 관계에 있어서 어떤 사람인가 당신의 생각을 집단원과 나누어 본다.

  '지금까지 생활을 돌이켜 보았을 때, 자신은 어떤 사람이었는가? 그렇다면 앞으로 어떤 사람이 되고 싶은가?'에 대해 이야기해 본다.
- 진행 2: 집단토의식, ⟨활동자료 8-2⟩ 나에게 쓰는 러브레터를 쓴다(예: 바나나 측면에 네임펜이나 사인펜으로 그림이나 나에게 힘을 북돋아 주는 글을 쓴다).
  - 집단원의 작품을 모둠으로 모아서 전시하고 사진을 찍는다.
  - 자신의 작품은 자신이 먹으며 성장의 인정자극 시간을 갖는다.

⟨준비물⟩

- 진행 1: ⟨활동자료 8-1⟩ ⟨활동자료 8-2⟩
- 진행 2: 사인펜, 네임펜, 바나나

(3) 마무리(10분)

- 진행 1: 집단토의식 활동을 진행하고 전체 회기 정리 및 소감을 나눈다.
- 진행 2: 집단활동이 끝난 후 평가서를 작성한다.

활동자료 8-1 　 You're OK 롤링페이퍼

활동자료 8-2 **나에게 쓰는 러브레터**

사랑하는 나 _____에게

참고문헌

경기도청소년상담복지센터(2012). 청소년 셀프리더쉽 '난 내가 좋아'.

우재현(2007). 임상 교류분석 TA 프로그램. 경북: 정암서원.

우재현(2011). 심성개발을 위한 교류분석(TA) 프로그램. 경북: 정암서원.

최영일(2010). 교류분석과 교사의 자율성증진. 광주: 꿈꾸는 씨앗.

최영일(2011). TA이론의 실제와 자기분석. 광주: 꿈꾸는 씨앗.

최영일(2012). 교류분석 강의지침서 I. II. 광주: 꿈꾸는 씨앗.

최영일(2013). CKEO그램 성격검사지, 해설지. 한국이고오케이그램 연구

한국교류분석상담협회(2012). 한국교류분석상담협회 창간호.

한국심리자문연구소(2006). 위기청소년자활지원을 위한 2006 학습클리닉 전문가 양성교육.

Lister-Ford, C. (2008). TA 상담과 심리치료 기법 (박의순, 이진선 공역). 서울: 시그마프레스.

Stewart, I. (2009). 교류분석 상담의 적용. 서울: 학지사

저자 소개

최영일(Choe Yeongil)
> 교육심리학 박사, 전남심리상담센터 소장
> 한국교류분석상담협회 수퍼바이저
> 한국교류분석상담연구소 소장

노정자(Rho Jungja)
> 사회복지학 박사, (사)가족성장상담소 남성의소리 소장
> 한국교류분석상담협회 교류분석1급전문상담사
> 백석문화대학교 사회복지학부 겸임교수

박영혜(Park Younghye)
> 사회복지학 박사, 안산시건강가정지원센터장
> 한국교류분석상담협회 교류분석1급전문상담사
> 평택보육교사교육원 외래교수

배정연(Bae Jeongyeon)
> 특수교육학 박사, 사회복지법인 장애전문 한사랑어린이집 원장
> 한국교류분석상담협회 교류분석1급전문상담사
> 마산대학교 영유아보육과 겸임교수

백은숙(Baek Eunsook)
> 교육학 박사, 비전인성개발연구소 소장
> 한국교류분석상담협회 교류분석1급전문상담사
> 대원대학교 사회복지과 겸임교수

서경원(Seo Gyoungwon)
> 가족상담학 석사, (사)함께하는아버지들 사무국장
> 한국교류분석상담협회 교류분석1급전문상담사
> 한국보육교사교육원 교수

손희란(Son Hiran)
> 노인복지상담학 박사, 경북가족상담연구소장
> 한국교류분석상담협회 교류분석1급전문상담사
> 해밀 원격평생교육원 교수

이인영(Lee Inyoung)

　　미술치료학 석사, GEM심리상담연구소 소장
　　한국교류분석상담협회 교류분석1급전문상담사
　　홍익대학교 미술심리지도사 외래교수

우준택(Woo Juntaek)

　　수리과학 이학박사, 정필교육연구소 소장
　　한국교류분석상담협회 교류분석1급전문상담사
　　정필수학학원 원장

정미선(Jeong Miseon)

　　교육학 상담심리학 박사, 밀양시청소년상담복지센터 센터장
　　한국교류분석상담협회 교류분석1급전문상담사
　　한국방송통신대학교 청소년교육과 외래교수

정성순(Jung Sungsoon)

　　사회복지학 석사, 의왕시건강가정지원센터장
　　한국교류분석상담협회 교류분석1급전문상담사
　　의왕시사회복지협의체 제5기 대표위원

조윤정(Cho Yunjeong)

　　아동복지학 이학박사, 온새미심리상담소 소장
　　한국교류분석상담협회 교류분석1급전문상담사
　　(주)대한고시연구원 교수

주민경(Joo Minkyung)

　　노인복지상담학 박사
　　한국교류분석상담협회 교류분석1급전문상담사
　　호서대학교 평생교육원 주임교수

한윤옥(Han Yunok)

　　복지행정학 박사, 춘천심리상담센터 소장
　　한국교류분석상담협회 교류분석1급전문상담사
　　신구대학교 아동보육전공 겸임교수

교류분석을 활용한 집단상담 프로그램

TA utilizing Programs for Group Counselling

2015년 1월 15일 1판 1쇄 발행
2020년 9월 25일 1판 3쇄 발행

지은이 • 최영일 · 노정자 · 박영혜 · 배정연 · 백은숙 · 서경원 · 손희란
　　　　이인영 · 우준택 · 정미선 · 정성순 · 조윤정 · 주민경 · 한윤옥

펴낸이 • 김 진 환

펴낸곳 • (주) **학지사**

　　　　04031 서울특별시 마포구 양화로 15길 20 마인드월드빌딩 5층

대표전화 • 02) 330-5114　　팩스 • 02) 324-2345

등록번호 • 제313-2006-000265호

홈페이지 • http://www.hakjisa.co.kr
페이스북 • https://www.facebook.com/hakjisabook

ISBN 978-89-997-0572-4　93180

정가 15,000원

이 도서의 국립중앙도서관 출판시도서목록(CIP)은 서지정보유통지원시스템 홈페
이지(http://seoji.nl.go.kr)와 국가자료공동목록시스템(http://www.nl.go.kr/kolisnet)
에서 이용하실 수 있습니다.
(CIP제어번호: CIP2014034269)

출판 · 교육 · 미디어기업 **학지사**

간호보건의학출판 **학지사메디컬** www.hakjisamd.co.kr
심리검사연구소 **인싸이트** www.inpsyt.co.kr
학술논문서비스 **뉴논문** www.newnonmun.com
원격교육연수원 **카운피아** www.counpia.com